FICHAMENTOS DE PROCESSO CONSTITUCIONAL
OAB E CONCURSOS

Habacuque Wellington Sodré
Paulo Henrique Lêdo Peixoto

1ª edição

2023

Copyrights © 2023
Fichamentos de Processo Constitucional: OAB e Concursos
Habacuque Wellington Sodré
Paulo Henrique Ledo Peixoto

Capa: Habacuque Wellington Sodré e Paulo Henrique Ledo Peixoto

Edição e Diagramação: Habacuque Wellington Sodré e Paulo Henrique Ledo Peixoto.

Nenhuma parte desta publicação poderá reproduzida por qualquer meio ou forma sem a prévia autorização dos autores. A violação de direitos autorais é crime estabelecido na Lei n. 9.610/98 e punido pelo art. 184 do Código Penal Brasileiro.

CIP – Catalogação na Publicação

Sodré, Habacuque Wellington; Peixoto, Paulo Henrique Lêdo, 1986.

Fichamentos de Processo Constitucional: OAB e Concursos
/Sodré e Peixoto. São Paulo, 2023.
ISBN 9798356034794

1. Fichamento de peça. 2. Ações do Controle de Constitucionalidade. 3. Remédios Constitucionais. 4. Rito Comum. 5. Recursos. 6. Comparação.

AGRADECIMENTOS

Agradecemos aos nossos pais, esposas, amigos e alunos pelo apoio e, especialmente, ao Prof. Erival da Silva Oliveira, nosso coordenador, professor, orientador e amigo de todas as horas, o qual nos deu a grande oportunidade na docência acadêmica.

A justiça sustenta numa das mãos a balança que pesa o direito, e na outra, a espada de que se serve para o defender. A espada sem a balança é a força brutal; a balança sem a espada é a impotência do direito

(Rudolf Von Ihering)

Engraçado, costumam dizer que tenho sorte. Só eu sei que quanto mais me preparo, mais sorte eu tenho.

(Anthony Robbins)

SUMÁRIO

ORGANIZADORES 8
PREFÁCIO 10
APRESENTAÇÃO 11
INTRODUÇÃO 13
CAPÍTULO 1 – FICHAMENTOS DE IDENTIDADE DE PEÇAS 17
1.1 AÇÕES DO CONTROLE CONCENTRADO DE CONSTITUCIONALIDADE 17
1.1.1 Sentenças Intermediárias no controle de Constitucionalidade 19
1.1.2 Ação direta de inconstitucionalidade (ADI) 26
1.1.3 Ação declaratória de constitucionalidade (ADC) 29
1.1.4 Ação direta de inconstitucionalidade por omissão (ADO) 32
1.1.5 Arguição de descumprimento de preceito fundamental (ADPF) 35
1.1.6 Ação direta de inconstitucionalidade interventiva (ADI-I) 38
1.1.7 Representação de inconstitucionalidade (ADI estadual) 40
1.1.8 Representação interventiva estadual. 43
1.2 REMÉDIOS CONSTITUCIONAIS E RECLAMAÇÃO CONSTITUCIONAL 45
1.2.1 Mandado de segurança individual 47
1.2.2 Mandado de segurança coletivo 50
1.2.3 Habeas data 53
1.2.4 Habeas corpus 56
1.2.5 Ação popular 59

1.2.6 Ação civil pública..62
1.2.7 Mandado de injunção individual. 66
1.2.8 Mandado de injunção coletivo. 69
1.2.9 Reclamação constitucional............................73
1.3 AÇÃO DE RITO COMUM, CONTESTAÇÃO E RECURSOS E DEFESAS PROCESSUAIS 76
1.3.1 Ação de rito comum 78
1.3.2 Contestação..81
1.3.3 Apelação...84
1.3.4 Agravo de instrumento 87
1.3.5 Agravo interno...91
1.3.6 Embargos de declaração 95
1.3.7 Recurso ordinário constitucional 99
1.3.8 Recurso especial...103
1.3.9 Recurso extraordinário 107
1.3.10 Agravo em recurso extraordinário e em recurso especial..111
1.3.11 Embargos de divergência..........................114
1.3.12 Defesas recursais 118
1.3.13 Ação rescisória..121

CAPÍTULO 2 – FICHAMENTOS DE COMPARAÇÃO DE PEÇAS 125
2.1 Ação civil pública x Ação popular 126
2.2 Ação Civil Pública x Mandado de segurança coletivo..130
2.3 Mandado de segurança individual x Habeas Data 135
2.4 ADI x ADPF..141
2.5 ADI federal x Representação de inconstitucionalidade (adi estadual) 149
2.6. Mandado de Injunção x Ação Direta de Inconstitucionalidade por Omissão.......................155

2.7 Recurso especial x Recurso extraordinário 160
2.8 Apelação x Recurso ordinário constitucional.... 166
2.9 Agravo de instrumento x Apelação 170
2.10 Mandado de segurança individual x Ação de rito comum.. 175
2.11 Habeas corpus x Reclamação constitucional . 181
2.12 Mandado de Segurança Individual x Reclamação constitucional 186

CAPÍTULO 3 – PREPARAÇÃO PARA RETA FINAL DE 2ª FASE DA OAB E DE CONCURSOS PÚBLICOS 191

Dica 1 191
Dica 2 192
Dica 3 192
Dica 4 192
Dica 5 192
Dica 6 193
Dica 7 193
REFERÊNCIAS BIBLIOGRÁFICAS...................... 194

ORGANIZADORES

Habacuque Wellington Sodré

Doutor e Mestre em Direito pela Universidade de São Paulo (USP). Especialista em Processo Civil e Direito Corporativo e Compliance. Professor em cursos preparatórios para OAB no Damásio Educacional. Professor assistente na graduação na Universidade de São Paulo (USP). Advogado e Legal Designer.

Twitter: @Prof_Habacuque | Instagram: @habacuquewellingtonsodre | Youtube: Prof. Dr. Habacuque Sodre | Facebook: Habacuque Sodré

Paulo Henrique Lêdo Peixoto

Mestre em Direito Político e Econômico e especialista em Direito Tributário pela Universidade Presbiteriana Mackenzie (UPM). Professor de Direito Constitucional e Direitos Humanos em cursos preparatórios para OAB e concursos públicos no QConcursos, Damásio Educacional, IBMEC/SP, UNINOVE e Legale Educacional. Palestrante. Advogado e consultor jurídico.

Twitter: @prof_phpeixoto | Instagram: @phlpeixoto | Youtube: PauloPeixotoprof | Facebook: Paulo Peixoto

PREFÁCIO

"Tudo vale a pena, se a alma não é pequena [...]".
(Fernando Pessoa)

Muito feliz em prefaciar esta obra dos amigos Professores Habacuque Sodré e Paulo Peixoto. São profissionais dedicados e talentosos que tive a alegria de conhecer no Curso LFG há mais de uma década. Vieram comigo para o Curso Damásio Educacional junto com os Professores Gustavo Goldzveig, Pedro Horta e Rosa Vaz.

Começamos o primeiro curso de segunda fase da OAB em Direito Constitucional no tradicional curso preparatório do bairro da Liberdade em São Paulo. É fazendo parte da história de muitas advogadas e advogados que nos realizamos.

O presente livro apresenta de forma concisa e objetiva os principais temas de Direito Constitucional para as provas práticas da OAB e de Concursos Públicos Brasileiros. É uma leitura agradável e rápida.

O bom Professor mostra o caminho para os discípulos seguirem. Aqui está a rota a ser trilhada. Excelente jornada para todos.

Professor Erival da Silva Oliveira

APRESENTAÇÃO

Este livro tem o objetivo de auxiliar todos os estudantes que se preparam para as provas práticas de 2ª fase do Exame de Ordem da OAB e de concursos públicos, sobretudo na disciplina Direito Constitucional.

Com base na experiência prática de mais de dez anos, por meio de linguagem clara, objetiva e de forma bastante didática, serão apresentadas as hipóteses de cabimento e os requisitos das principais peças práticas cobradas pelas bancas examinadoras, bem como os fundamentos constitucionais, legais e jurisprudenciais do Supremo Tribunal Federal e do Superior Tribunal de Justiça.

O estudo será feito em duas etapas. A primeira consistirá na exposição dos elementos essenciais para identificação das principais peças da disciplina, dando ao estudante a visão geral para compreender os institutos. Posteriormente, na segunda etapa, será feito um estudo comparativo entre as semelhanças e distinções das peças práticas, evitando que o estudante cometa equívocos na hora de reconhecer a medida exigida pela banca e, assim, não comprometa a própria classificação ou aprovação no certame.

Desde já, recomenda-se que todo o estudo e uso deste material seja acompanhado da leitura da legislação ("Vade Mecum"), sobretudo dos artigos e súmulas citados, o que aumentará a familiaridade com a letra da lei e a agilidade na localização dos fundamentos da peça.

Enfim, esperamos que a nossa dedicação seja de grande valia ao seu estudo e auxilie na conquista de seu objetivo e sucesso.

INTRODUÇÃO

No estudo para o Exame de Ordem da OAB ou para concursos públicos, o estudante, frequentemente, enfrenta dificuldades na prova discursiva, ao se deparar com a necessidade de resolver um problema ou questão concreta, ou de elaborar uma peça jurídica. Em Direito Constitucional, disciplina com alta incidência em editais, há diversas possibilidades de peça práticas, sobressaindo os remédios constitucionais, as ações de controle concentrado de constitucionalidade e os recursos processuais.

O estudante lê o enunciado de prova e, no momento seguinte, sai à procura de palavras, frases, expressões que permitam revelar a medida judicial formulada pela banca examinadora. Alguns enunciados são de fácil identificação, no entanto há outros que causam enorme desgaste e angústia e deixam o estudante perdido ou na dúvida de qual peça elaborar.

Como fazer, então, para localizar com clareza um ou mais elementos que identifiquem a peça? Pois bem. O nosso estudo e abordagem partem de um "esquema de peça" que auxilia o estudante na memorização dos principais pontos de uma peça prática. Nesta obra, por mera questão estilística, o referido esquema será aqui denominado de "**fichamento de peça**", eis que além dos fundamentos previstos na Constituição e/ou na legislação específica, conterá outras informações relevantes extraídas da doutrina e da jurisprudência.

Mas o que é o fichamento? Um fichamento de peça, nada mais é que uma estrutura que expõe os elementos-chaves da peça, a saber: *a) fundamentos legais; b) hipóteses de cabimento; c) legitimados ativos e passivos; d) objetivos e requisitos formais; e) procedimentos e exigências jurisprudenciais.* A compreensão desse modelo permite que o estudante estabeleça de forma ordenada tudo aquilo que precisará constar na peça prática, aumentando as chances de obter a nota máxima no quesito. A identidade é uma propriedade da lógica formal que corresponde ao conjunto de caracteres próprios e exclusivos de um sujeito ou de um objeto. No caso das peças práticas, a identidade surge com os seus objetivos, sua hipótese de cabimento. Por outro lado, diante da multiplicidade de objetos, ou no nosso caso, de peças práticas, é crucial distingui-las pelo escopo, sendo certo que cada peça tem o seu objetivo processual específico, sendo esse o ponto que precisa ser avistado pelo estudante para acertar a peça.

A título de exemplo, tanto o mandado de injunção quanto a ação direta de inconstitucionalidade por omissão lidam com a omissão de uma norma constitucional. Mas quando cabe um ou outro? O mandado de injunção objetiva o exercício efetivo de um direito constitucional não regulamentado, ao passo que a ação direta de inconstitucionalidade por omissão visa apenas à regulamentação daquele direito constitucional. É simples, não? Na verdade, não. Será simples apenas se você leitor tiver em mente os objetivos de cada uma das medidas e extrair do enunciado de prova o que se pretende fazer.

Vale registrar que o estudo por meio do fichamento se mostrou bastante eficaz, eis que por meio dele o estudante compreende a unidade e todo. Isso porque não é raro que de uma mesma situação prática seja possível a adoção de mais de uma peça. Só o conhecimento específico e global permite entender qual é a peça exigida pela banca examinadora. E mais. A ideia é permitir que o estudante, no momento de elaborar a peça prática, tenha fixado automaticamente os principais elementos, evitando assim que despenda tempo precioso rabiscando a folha de rascunho. Mesmo porque no rascunho apenas os pontos do esquema deverão constar e, uma vez feito isso, deve-se iniciar a elaboração da peça na folha oficial.

Esclareça-se, também, que a presente obra não irá analisar todas as peças possíveis do direito processual jurídico brasileiro. Ao contrário, é feito um recorte específico direcionado ao processo constitucional seja no controle concentrado ou abstrato, seja no controle difuso ou incidental. A proposta é ofertar a você estudante ampla compreensão das peças prático-profissionais atinentes ao Direito Constitucional, a saber, os remédios constitucionais, as ações do controle concentrado de constitucionalidade como também as ações do rito comum, defesas e os recursos existentes no processo civil.

Dessa forma, formulou-se, na primeira parte, um conjunto de fichamentos de peças divididos em três grupos: *(1) ação de controle concentrado de constitucionalidade; (2) remédios constitucionais e reclamação constitucional e (3) ação de rito comum, defesa e recursos processuais.* Cabe ao estudante ler, entender e compreender para, na segunda parte da obra, cotejá-las e compará-las com as demais, reforçando o que já aprendeu e ampliando a visão geral acerca de suas funções.

Enfim, não basta apenas conhecer determinado objeto é preciso saber diferenciá-lo dos demais, por meio de suas características intrínsecas e extrínsecas. Eis a razão dos fichamentos de peça. Vamos aos estudos!

CAPÍTULO 1: FICHAMENTOS DE IDENTIDADE DE PEÇAS

Nesta primeira parte da obra, serão apresentados **os elementos de identidade das peças práticas** e os seus principais requisitos. Inicia-se pelas ações de controle concentrado de constitucionalidade, na sequência, os remédios constitucionais e reclamação constitucional e, após, as peças do rito comum e os recursos processuais.

1.1 AÇÕES DO CONTROLE CONCENTRADO DE CONSTITUCIONALIDADE

Controle de constitucionalidade consiste na verificação da compatibilidade de um ato normativo e a Constituição, ou seja, analisa-se se, por exemplo, uma lei, medida provisória está formal e materialmente de acordo com a Constituição. Em caso negativo, teremos um vício ou inconstitucionalidade.

No Brasil, quanto ao momento de realização da análise, o controle de constitucionalidade pode ser feito preventiva ou repressivamente. Será **preventivo**, quando o ato ainda não ingressou no ordenamento jurídico, isto é, está-se na fase do processo legislativo, de modo que recai sobre proposta de emenda à Constituição (PEC) e projetos de lei.

Em contrapartida, o controle será **repressivo**, quando o ato normativo já ingressou no ordenamento jurídico. Aqui já há a publicação de uma lei, edição de uma medida provisória ou a promulgação de emenda à Constituição promulgada. Em regra, a modalidade repressiva é feita pelo Poder Judiciário de forma difusa (incidental) ou concentrada (abstrata). Controle **difuso** é aquele feito por **qualquer órgão do Poder Judiciário**, do juiz substituto até o Supremo Tribunal Federal, julgando-se ações concretas que visam reparação de danos, condenações em dinheiro, anulações de negócios jurídicos etc. A questão da inconstitucionalidade está em segundo plano e deve ser resolvida para que o objeto central possa ser julgado.

Por sua vez, a modalidade **concentrada ou abstrata** é aquela realizada por um **único órgão**. No Brasil, no âmbito federal, é feito pelo **Supremo Tribunal Federal**, tendo como parâmetro as normas constitucionais (bloco de constitucionalidade), nos termos do art. 102 da Constituição Federal. Nada obstante, no âmbito **estadual**, importante mencionar que os **Tribunais de Justiça estaduais** também realizam controle concentrado quando há atos normativos que violam as respectivas Constituições estaduais, consoante o art. 125, §2º, da Constituição Federal.

Destaca-se que, no controle concentrado, há **ações específicas** que buscam apenas a declaração de inconstitucionalidade ou constitucionalidade de atos normativos, ou seja, a questão da inconstitucionalidade é o **ponto central da ação**. No âmbito **federal**, há cinco ações de controle concentrado de constitucionalidade: 1) ação direta de inconstitucionalidade, 2) ação declaratória de constitucionalidade, 3) ação direta de inconstitucionalidade por omissão, 4) arguição de descumprimento de preceito fundamental e 5) representação interventiva. Por outro lado, no âmbito **estadual**, a Constituição Federal faz menção à representação de inconstitucionalidade (ADI estadual) e a representação interventiva estadual.

Nos enunciados que tratam das ações de constitucionalidade, deve o estudante se atentar, sobretudo ao tipo de ato normativo impugnado, se primário (semelhante à lei) ou secundário (inferior à lei), bem como se há contrariedade ao texto da Constituição Federal ou da Constituição estadual. Além disso, essencial identificar quem busca a declaração de inconstitucionalidade do ato normativo, pois as ações de controle concentrado possuem rol específico de legitimados ativos, conforme o art. 103 da Constituição Federal - I - o Presidente da República; II - a Mesa do Senado Federal; III - a Mesa da Câmara dos Deputados; IV - a Mesa de Assembléia Legislativa ou da Câmara Legislativa do Distrito Federal; V - o Governador de Estado ou do Distrito Federal; VI - o Procurador-Geral da República; VII - o Conselho Federal da Ordem dos Advogados do Brasil; VIII - partido político com representação no Congresso Nacional e IX - confederação sindical ou entidade de classe de âmbito nacional.

Por fim, registra-se que os legitimados dos incisos IV, V e IX são denominados **legitimados especiais**, porquanto necessitam demonstrar a **pertinência temática** (justificativa para a propositura da ação), enquanto os demais (inciso I, II, III, VI, VII e VIII) são conhecidos como **legitimados neutros ou universais**.

1.1.1 Sentenças intermediárias no controle de constitucionalidade

As decisões intermediárias são as decisões que resolvem problemas interpretativos ou de supressão de lacunas parciais ou mesmo lacunas advindas da declaração de inconstitucionalidade total ou parcial de um determinado texto.

Assim, observa-se que as denominadas sentenças intermediárias se referem às técnicas decisórias que visam analisar a constitucionalidade, a inconstitucionalidade de uma dada interpretação jurídica, bem como colmatar lacunas parciais, substituir normas escritas e limitar os efeitos normativos vinculantes, não possuindo uma relação estrita com o texto de uma lei ou ato normativo, mas com o esquema interpretativo ou propriamente com a norma jurídica objeto da análise decisória.

Há **três espécies** de decisões intermediárias: **a) decisões interpretativas em sentido estrito; b) decisões manipulativas; e c) decisões limitadoras.**

As sentenças interpretativas em sentido estrito são aquelas que comportam a interpretação conforme a Constituição e a declaração de nulidade parcial sem redução de texto. As primeiras são também denominadas de sentenças interpretativas de rechaço, pois se exclui outra interpretação ou outras possibilidades de interpretação diversas daquela adotada pela Corte. As segundas são chamadas também de sentenças interpretativas de aceitação ou de anulação, pois nesse caso o Tribunal exclui/anula o sentido apresentado pelo texto da lei de maneira inconstitucional, aceitando, outras possibilidades interpretativas.

a) Decisões interpretativas em sentido estrito

Primeiramente, em relação as decisões interpretativas de rechaço (interpretação conforme à constituição) e as decisões interpretativas de aceitação, observa-se que essas aparecem na jurisprudência do Supremo Tribunal Federal até mesmo antes de sua previsão legal: Vide alguns casos em que o Supremo Tribunal Federal se utilizou das técnicas da interpretação conforme à Constituição e da declaração de nulidade parcial sem redução de texto, nas ementas abaixo colacionadas: ADI 5.081, ADI 4.430, Rcl 8.662, Rcl 5.442-MC, Rcl 10.323-MC, ADI 1.850-MC, Rcl 10.323-MC, Rcl 2.475-AgR, Rcl 2.990-AgR, Rcl 7.956-AgR, AI 461.289, Rcl 2.256-MC, (Rcl 1.880-AgR,, ADI 1.344-MC, ADI 896-MC).

Decisões interpretativas em sentido estrito	Pressuposto	Técnica decisória	Resultado decisório
Sentença interpretativa de rechaço	Pluralidade de interpretações	Interpretação Conforme à Constituição	Apenas uma interpretação é compatível com a Constituição, excluindo-se a aplicação das demais intepretações não escolhidas pela Corte Constitucional
Sentença interpretativa de Aceitação	Pluralidade de interpretações	Declaração parcial de nulidade sem	Apenas uma interpretação não é compatível com a Constituição,

ou de Anulação		redução de texto	sendo que apenas a interpretação escolhida como inconstitucional deve deixar de ser aplicada.

Já as decisões manipulativas são aquelas em que a criatividade judicial ou a discricionariedade judicial se mostra mais elevada, visto que o Tribunal Constitucional não atua como legislador negativo, mas como verdadeiro legislador positivo, criando ou restringindo direitos de maneira importante.

As decisões manipulativas se subdividem em outras duas subespécies, a saber: a) as decisões aditivas; e b) as decisões substitutivas.

Em relação as decisões de natureza aditiva, essas servem para complementação das omissões parciais ou para aplicação de intepretações extensivas ou restritivas, bem como são utilizadas, em algumas decisões para estender direitos e obrigações com base no princípio da igualdade.

Há duas espécies básicas de sentenças aditivas:

a) Sentenças aditivas redutoras: nessas decisões, há a produção da norma constitucional com a declaração indireta de nulidade de determinada frase, linha, parágrafo ou palavra do texto normativo que seja contrário à Constituição, sendo que o resultado dessa decisão cria uma norma em conformidade com à Constituição.

b) Sentenças aditivas em sentido estrito: nesse tipo de decisão, a Corte Constitucional profere a disposição normativa para tornar a norma impugnada constitucional.

No caso das decisões substitutivas, especificamente, o Tribunal Constitucional entendendo ser o dispositivo legislativo parcialmente inconstitucional, o substitui por meio de um provimento judicial, alterando o próprio texto normativo.

Na decisão substitutiva, a Corte age como representante do Poder Constituinte Originário, adequando e corrigindo o texto da legislação, alternando por vezes o sentido de forma global, mas por vezes, o próprio texto legislativo.

b) Decisões manipulativas

Decisões manipulativas nas decisões do STF: Mandados de Injunção 670, 708 e 712; MI 695; Recurso Extraordinário 101486/DF; Ação Direta de Inconstitucionalidade (ADO) 26; ADI 2652; ADI 4275; Arguição de Descumprimento de Preceito Fundamental (ADPF) 378; voto in limine do Ministro Ricardo Lewandowski na Cautelar da ADI 6363.

Decisões manipulativas	Pressuposto	Técnica decisória	Tipos de decisão
Sentenças aditivas	Criar normas que suprimam lacunas legislativas ou que decorram da decisão ou ainda	Criação, extensão e redução normativa	a) sentenças aditivas redutoras; b) Sentenças aditivas em sentido estrito

	impliquem em decisões		
Sentenças substitutivas	Declaração de invalidade total ou parcial do texto ou de uma norma e a substituição por uma decisão criada pela Corte	Declaração de nulidade ou anulação + criação de uma norma para substituir aquela declarada inconstitucional	a) sentença substitutiva de norma jurídica; b) sentença substitutiva de texto legislativo.

c) Decisões limitadoras

Por fim, destaca-se que há as **decisões limitadoras ou sentenças limitativas**, as quais tem como escopo a modulação dos efeitos da decisão que julga a constitucionalidade ou a inconstitucionalidade de uma lei ou ato normativo, quanto à sanção e seus efeitos.

Destaca-se alguns casos em que o Supremo Tribunal Federal da modulação dos efeitos: ADI 4.425-QO, ADI 2.797-ED, ADI 4.029, RE 500.171-ED, RE 594.892, ADI 875; ADI 1.987; ADI 2.727, ADI 2.791-ED, ADI 3.601-ED, AI 474.708-AgR, ADI 2.728-ED, RE 395.654-AgR, AI 666.455, AI 591.803-AgR, AI 457.766-AgR, ADI 2.996-ED, AI 631.533, AI 472.768-AgR, RE 364.304-AgR, RE 395.902-AgR, AI 720.991, RE 197.917 e MI 460.

No direito brasileiro, vige a regra que o vício da inconstitucionalidade tem como sanção à declaração de nulidade e o efeito retroativo (*ex tunc*) a edição do dispositivo legal ou normativo.

Todavia, a própria legislação pátria no artigo 27 da Lei n. 9.868/99 e no artigo 11 da Lei n. 9.882/99, permite que o Supremo Tribunal, mediante a votação pelo quórum qualificado de 2/3 (dois terços) de seus Ministros (oito), altere, em caso excepcionais e por razões de interesse social ou segurança jurídica, a sanção de nulidade para anulabilidade, cuja implicação consiste na alteração dos efeitos retroativos (*ex tunc*), para os efeitos prospectivos *(ex nunc)* ou modulados (*pro futuro*), podendo ter como parâmetro temporal inicial o trânsito em julgado da decisão ou outro que venha a ser fixado quando dessa modulação de efeitos.

Portanto, verifica-se que como resposta ao problema dos novos direitos e das novas espécies de demandas, além de novas condutas dos Poderes, as decisões intermediárias, em suas espécies interpretativa, manipulativas e limitativas, visam dar conta dos problemas da omissão total, parcial e da recalcitrância legislativa as mudanças de paradigma social.

1.1.2 AÇÃO DIRETA DE INCONSTITUCIOLIDADE (ADI)

MEDIDA: ADI – AÇÃO DIRETA DE INCONSTITUCIONALIDADE (Artigo 102, I, "a", da CF e artigo 3º da Lei n. 9.868/99)

HIPÓTESES DE CABIMENTO: leis ou atos normativos **primários federais** ou **estaduais**, editados e promulgados depois da Constituição Federal.

Obs.1: atos primários são aqueles que possuem as mesmas características de uma lei, isto é, abstração, generalidade e impessoalidade.
Obs.: atos anteriores (pré-constitucionais) são passíveis de ADPF.

LEGITIMADOS ATIVOS: Art. 103 da CF - I - o Presidente da República; II - a Mesa do Senado Federal; III - a Mesa da Câmara dos Deputados; IV - a Mesa de Assembleia Legislativa ou da Câmara Legislativa do Distrito Federal; V - o Governador de Estado ou do Distrito Federal; VI - o Procurador-Geral da República; VII - o Conselho Federal da Ordem dos Advogados do Brasil; VIII - partido político com representação no Congresso Nacional e IX - confederação sindical ou entidade de classe de âmbito nacional.

Atenção: Governador do Estado ou do Distrito Federal, Mesa das Assembleias Legislativas ou da Câmara Legislativa do DF e Confederação Sindical ou entidade de Classe de âmbito nacional – **Legitimados Especiais** – necessidade de demonstração de Pertinência Temática.

INCONSTITUCIONALIDADE FORMAL: Violação das regras de competência e procedimentos exigidos pela Constituição Federal – ex.: vício de iniciativa, vício no sistema de aprovação ou na espécie normativa.

INCONSTITUCIONALIDADE MATERIAL: Violação do conteúdo das normas constitucionais (direitos e preceitos)

MEDIDA CAUTELAR: art. 10 a 12, Lei n. 9.868/99.
A medida cautelar, dotada de eficácia contra todos, será concedida com efeito "ex nunc", salvo se o Tribunal entender que deva conceder-lhe eficácia retroativa.

OITIVA DO PROCURADOR-GERAL DA REPÚBLICA E DO ADVOGADO-GERAL DA UNIÃO: artigo 103, §§ 1º e 3º da Constituição Federal e artigo 8º da Lei n. 9.868/99.

EFEITOS DA DECISÃO: decisão com efeitos "ex tunc" (efeito retroativo), porém, o STF pode modular os efeitos para "ex nunc" (efeito prospectivo) e estabelecer o termo inicial da inconstitucionalidade, para preservação da segurança jurídica ou de excepcional interesse social (artigo 27 da Lei n. 9.868/99) – quórum de 2/3 dos Ministros, correspondente a 8 Ministros.

EFICÁCIA "ERGA OMNES" E EFEITO VINCULANTE: artigo 28, parágrafo único, da Lei n. 9.868/99.
Atenção: essa decisão não vincula o Poder Legislativo na sua função típica de Legislar e o Executivo na sua função atípica de legislar por medida provisória (artigo 62 da CF)

DESCUMPRIMENTO DA DECISÃO FINAL: cabimento de **reclamação constitucional.**

QUÓRUM DE INSTALAÇÃO: presença de pelo menos 8 (oito) Ministros – 2/3 (dois terços) do STF.

QUÓRUM DE JULGAMENTO: maioria absoluta – 6 (seis) Ministros – primeiro número inteiro depois da metade.

OBS. Não é admissível a desistência – artigo 5º da lei n. 9.868/99 e art. 169, §1º, Regimento interno do STF.

1.1.3. AÇÃO DECLARATÓRIA DE CONSTITUCIONALIDADE (ADC)

MEDIDA: ADC – AÇÃO DECLARATÓRIA DE CONSTITUCIONALIDADE (Artigo 102, I, "a" da CF e artigo 14 da Lei n. 9.868/99)

HIPÓTESES DE CABIMENTO: leis ou atos normativos federais **primários**.
Obs.1: atos primários são aqueles que possuem as mesmas características de uma lei, isto é, abstração, generalidade e impessoalidade.
Obs.: atos anteriores (pré-constitucionais) são passíveis de ADPF.

PRESSUSPOSTO LÓGICO PROCESSUAL: existência de **controvérsia judicial relevante** sobre a aplicação da disposição objeto da ação declaratória (artigo 14, III, da Lei n. 9.868/99 – jurisprudência STF – ADC n. 1, 8 e 15).

LEGITIMADOS ATIVOS: Art. 103 da CF - I - o Presidente da República; II - a Mesa do Senado Federal; III - a Mesa da Câmara dos Deputados; IV - a Mesa de Assembléia Legislativa ou da Câmara Legislativa do Distrito Federal; V - o Governador de Estado ou do Distrito Federal; VI - o Procurador-Geral da República; VII - o Conselho Federal da Ordem dos Advogados do Brasil; VIII - partido político com representação no Congresso Nacional e IX - confederação sindical ou entidade de classe de âmbito nacional.

Note que os legitimados para a ADC são todos do art. 103, CF e não somente aqueles previstos no artigo 13 da Lei n. 9.868/99.

Atenção: Governador do Estado ou do Distrito Federal, Mesa das Assembleias Legislativas ou da Câmara Legislativa do DF e Confederação Sindical ou entidade de Classe de âmbito nacional – **Legitimados Especiais** – necessidade de demonstração de Pertinência Temática.

OBJETIVO: Declarar constitucional dispositivo de lei ou ato normativo federal objeto de dissenso judicial (no controle difuso de constitucionalidade).

MEDIDA CAUTELAR: é a tutela de urgência e da ação declaratória de constitucionalidade, tem como objetivo a **suspensão dos processos** que envolvam a aplicação da lei ou ato normativo federal até o julgamento final da ação (artigo 21 da Lei n. 9.868/99).

OITIVA DO PROCURADOR-GERAL DA REPÚBLICA – Artigo 103, §1º da Constituição Federal e artigo 8º da Lei Federal n. 9.868/99.

EFEITOS DA DECISÃO FINAL: decisão com efeitos "ex tunc" (efeito retroativo), mas se for julgado improcedente o pedido e declarados inconstitucional a lei ou ato normativo federal, o Supremo poderá modular os efeitos da decisão estabelecendo o termo inicial da inconstitucionalidade e os efeitos prospectivos ("ex nunc") - artigo 27 da Lei n. 9.868/99. Quórum de 2/3 (dois terços) dos Ministros do STF, correspondente a 8 (oito) Ministros.

EFICÁCIA "ERGA OMNES" E EFEITO VINCULANTE – artigo 28, parágrafo único, da Lei n. 9.868/99.

Atenção: essa decisão não vincula o Poder Legislativo na sua função típica de Legislar e o Executivo na sua função atípica de legislar por medida provisória (artigo 62 da CF)

DESCUMPRIMENTO DA DECISÃO FINAL: cabimento de **reclamação constitucional.**

QUÓRUM DE INSTALAÇÃO: presença de pelo menos 8 (oito) Ministros – 2/3 (dois terços) do STF – artigo 22 da Lei n. 9.868/99

QUÓRUM DE JULGAMENTO: MAIORIA ABSOLUTA – 6 (seis) Ministros – primeiro número inteiro depois da metade, nos termos do artigo 23 da Lei n. 9.868/99.

OBS.: Não é admissível a desistência – artigo 16 da lei n. 9.868/99 e art. 169, §1º, Regimento interno do STF.

1.1.4. AÇÃO DIRETA DE INCONSTITUCIONALIDADE POR OMISSÃO (ADO)

MEDIDA: ADO - AÇÃO DIRETA DE INCONSTITUCIONALIDADE POR OMISSÃO (Artigo 102, I, "a" da CF e artigo 12-A da Lei n. 9.868/99).

HIPÓTESES DE CABIMENTO: normas constitucionais de eficácia limitada que resguardem direitos fundamentais ou criam instituições estatais, as quais para o seu exercício ou sua existência **dependem da criação de legislação infraconstitucional ou da adoção de um determinado ato administrativo**, com lapso de tempo razoável.

LEGITIMADOS ATIVOS: Art. 103 da CF - I - o Presidente da República; II - a Mesa do Senado Federal; III - a Mesa da Câmara dos Deputados; IV - a Mesa de Assembléia Legislativa ou da Câmara Legislativa do Distrito Federal; V - o Governador de Estado ou do Distrito Federal; VI - o Procurador-Geral da República; VII - o Conselho Federal da Ordem dos Advogados do Brasil; VIII - partido político com representação no Congresso Nacional e IX - confederação sindical ou entidade de classe de âmbito nacional.

Atenção: Governador do Estado ou do Distrito Federal, Mesa das Assembleias Legislativas ou da Câmara Legislativa do DF e Confederação Sindical ou entidade de Classe de âmbito nacional – **Legitimados Especiais** – necessidade de demonstração de Pertinência Temática.

PETIÇÃO INICIAL – Art. 12-B da Lei n. 9.868/99: a) Omissão inconstitucional total ou parcial tanto do dever de legislar ou adoção de providência administrativa; b) pedido e suas especificações;

MEDIDA CAUTELAR: é a tutela de urgência das ações direita de inconstitucionalidade (por ação ou omissão) e da ação declaratória de constitucionalidade (artigo 102, I, "p", da CF), tem como objetivo a suspensão de ato normativo, quando se tratar de omissão parcial, bem como de processos judiciais e administrativos que envolvam a omissão ou a fixação de outra medida fixada pelo Tribunal (artigo 12-F da Lei n. 9.868/99). Suprindo a lacuna em sede cautelar, trata-se de uma sentença manipulativa.

OITIVA DO PROCURADOR-GERAL DA REPÚBLICA E DO ADVOGADO-GERAL DA UNIÃO: Artigo 103, §§ 1º e 3º da Constituição Federal e artigo 12, §§ 3º e 4º da Lei Federal n. 9.868/99.

EFEITOS DA DECISÃO: Decisão com efeitos para "ex nunc" (efeito prospectivo) – será dada **ciência do Poder Competente** para adoção das providências necessárias (artigo 12-H da Lei n. 9.868/99), no caso de providência administrativa, o prazo para adoção dos atos administrativos será de 30 (trinta) dias ou prazo razoável fixado pelo STF.

EFICÁCIA "ERGA OMNES" E EFEITO VINCULANTE – artigo 28, parágrafo único, da Lei n. 9.868/99.
Atenção: Essa decisão não vincula o Poder Legislativo na sua função típica de legislar e o Executivo na sua função atípica de legislar por medida provisória (artigo 62, da CF).

DESCUMPRIMENTO DA DECISÃO FINAL: cabimento de **reclamação constitucional.**

QUÓRUM DE INSTALAÇÃO: presença de pelo menos 8 (oito) Ministros – 2/3 (dois terços) do STF – artigo 22 da lei n. 9.868/99

QUÓRUM DE JULGAMENTO: maioria absoluta – 6 (seis) Ministros – primeiro número inteiro depois da metade, nos termos do artigo 23 da lei n. 9.868/99.

OBS.: Não é admissível a desistência – artigo 12-C da lei n. 9.868/99.

1.1.5. ARGUIÇÃO DE DESCUMPRIMENTO DE PRECEITO FUNDAMENTAL (ADPF)

MEDIDA: ADPF – ARGUIÇÃO DE DESCUMPRIMENTO DE PRECEITO FUNDAMENTAL (Artigo 102, §1º, da CF e Lei n. 9.882/99).

HIPÓTESES DE CABIMENTO: Previsão no parágrafo único do **artigo 1º da Lei n. 9.882/99**.

Na **ADI 2231**, o **STF** reduziu o cabimento da ADPF apenas para os atos normativos anteriores a Constituição Federal de 1988, leis municipais e atos normativos secundários (que não podem inovar na ordem jurídica, tendo apenas natureza regulamentar).

PRECEITO FUNDAMENTAL: são direitos subjetivos fundamentais do cidadão e suas garantias.

LEGITIMADOS ATIVOS: Art. 103 da CF e art. 2º, inciso I, da Lei 9.882/99 - I - o Presidente da República; II - a Mesa do Senado Federal; III - a Mesa da Câmara dos Deputados; IV - a Mesa de Assembléia Legislativa ou da Câmara Legislativa do Distrito Federal; V - o Governador de Estado ou do Distrito Federal; VI - o Procurador-Geral da República; VII - o Conselho Federal da Ordem dos Advogados do Brasil; VIII - partido político com representação no Congresso Nacional e IX - confederação sindical ou entidade de classe de âmbito nacional.

Atenção: Governador do Estado ou do Distrito Federal, Mesa das Assembleias Legislativas ou da Câmara Legislativa do DF e Confederação Sindical ou entidade de Classe de âmbito nacional – **Legitimados Especiais** – necessidade de demonstração de Pertinência Temática.

SUBSIDIARIEDADE – artigo 4º, §1º, da Lei 9.882/99. Apenas será cabível se não houver outro meio de sanar a lesão ao preceito fundamental.

LIMINAR: artigo 5º, §1º, da Lei n. 9.882/99 – suspensão do ato impugnado, suspensão de processos e dos efeitos de decisões judiciais.

OITIVA DO PROCURADOR-GERAL DA REPÚBLICA: artigo 7º, parágrafo único, da Lei n. 9.882/99.

EFEITOS DA DECISÃO: decisão com efeitos "ex tunc" (efeito retroativo), mas se for julgado improcedente o pedido e declarados inconstitucional a lei ou ato normativo federal, o Supremo poderá modular os efeitos da decisão estabelecendo o termo inicial da violação do preceito fundamental e os efeitos prospectivos ("ex nunc") - artigo 11 da Lei n. 9.882/99. Quórum de 2/3 (dois terços) dos Ministros do STF, correspondente a 8 Ministros.

EFICÁCIA "ERGA OMNES" E EFEITO VINCULANTE: artigo 10, §3º, da Lei n. 9.882/99 - A decisão terá eficácia contra todos e efeito vinculante relativamente aos demais órgãos do Poder Público.

Atenção: Essa decisão não vincula o Poder Legislativo na sua função típica de legislar e o Executivo na sua função atípica de legislar por medida provisória (artigo 62, da CF).

DESCUMPRIMENTO DA DECISÃO FINAL: cabimento de reclamação constitucional (artigo 13 da Lei n. 9.882/99).

1.1.6 AÇÃO DIRETA DE INCONSTITUCIONALIDADE INTERVENTIVA (ADI-I)

MEDIDA: ADI-I - AÇÃO DIRETA DE INCONSTITUCIONALIDADE INTERVENTIVA (artigo 36, inciso III, da CF e artigo 3º da Lei n. 12.562/2011).

HIPÓTESES DE CABIMENTO:
I) violação dos princípios sensíveis da Constituição Federal (artigo 34, VII, da CF): a) forma republicana, sistema representativo e regime democrático; b) direitos da pessoa humana; c) autonomia municipal; d) prestação de contas da administração pública direta e indireta; e) aplicação do mínimo exigido da receita resultante de impostos estaduais em educação e saúde;
II) recusa de execução de lei federal;

OBJETIVO: restabelecer o respeito aos princípios sensíveis da Constituição Federal violados por lei ou ato normativo estadual ou distrital.

LEGITIMADO ATIVO: Procurador-Geral da República (membro do Ministério Público da União no STF – art. 129, IV, CF).

PETIÇÃO INICIAL – Artigo 3º da Lei n. 12.562/2011, requisitos: **i)** indicar o princípio que o PGR considera violado ou lei federal que a autoridade estatal se recusa a cumprir; **ii)** o ato normativo, ato administrativo ou a omissão questionada; **iii)** prova da violação do princípio sensível ou da recusa de execução de lei federal; **iv)** pedido e as especificações.

MEDIDA LIMINAR: artigo 5º da Lei n. 12.562/2011 – maioria absoluta – 6 (seis) Ministros para deferirem – suspensão de processos judiciais e administrativos, ou de qualquer medida em relação à matéria objeto da representação interventiva.

OITIVA DA AUTORIDADE RESPONSÁVEL: artigo 6º da Lei n. 12.562/2011;

OITIVA DO PROCURADOR-GERAL DA REPÚBLICA E DO ADVOGADO-GERAL DA UNIÃO: §1º do artigo 5º da Lei n. 12.562/2011- manifestação sobre a liminar.
§1º do art. 6º da Lei n. 12.562/2011 – manifestação sobre o mérito.

QUÓRUM DE INSTALAÇÃO: 2/3 (dois terços) dos Ministros do STF, correspondente a 8 (oito) Ministros - artigo 9º da Lei n. 12.562/2011.

QUÓRUM DE JULGAMENTO: 6 (seis) Ministros. Exige maioria absoluta – artigo 10 da Lei n. 12.562/2011.

EFEITOS DA DECISÃO: julgado procedente o pedido, lavrado o acórdão, o presidente do STF levará o ao conhecimento do Presidente da República para, no prazo de 15 (quinze) dias, **decretar a intervenção federal** (artigo 11 da Lei n. 12.562/2011 e artigo 36, §§1º e 3º e artigo 84, X, da Constituição Federal).
A decisão não é impugnável sequer por ação rescisória (artigo 12 da lei n. 12.562/2011).

1.1.7. REPRESENTAÇÃO DE INCONSTITUCIONALIDADE (ADI ESTADUAL)

MEDIDA: REPRESENTAÇÃO DE INCONSTISTITUCIONALIDADE OU ADI ESTADUAL (art. 125, §2º, da Constituição Federal e artigo 3º da Lei n. 9.868/99)
Aplica-se, no que couber, uma vez que a competência para dispor sobre direito processual é da União – art. 22, I, da CF.

COMPETÊNCIA: Tribunal de Justiça do Estado – Órgão Especial ou do Plenário do Tribunal de Justiça (art. 125, §2º, c/c art. 93, XI e art. 97 da CF e Súmula Vinculante 10 do STF).

HIPÓTESES DE CABIMENTO: leis ou atos normativos <u>estaduais</u> e <u>municipais</u>, cujo parâmetro é a Constituição Estadual.

LEGITIMADOS ATIVOS: A Constituição veda apenas que seja um único legitimado, podendo as Constituições Estaduais estabelecer o rol dos legitimados (art. 125, §2º, da CF). A título de exemplo, por simetria, temos a Mesa da Assembleia Legislativa, Procurador-Geral de Justiça, Conselho Estadual da Ordem dos Advogados do Brasil, Governador de Estado etc.

INCONSTITUCIONALIDADE FORMAL: Violação das regras de competência e procedimentos exigidos pela Constituição Estadual - – ex.: vício de iniciativa, vício no sistema de aprovação ou na espécie normativa.

INCONSTITUCIONALIDADE MATERIAL: Violação ao conteúdo da Constituição Estadual (direitos) e as normas de reprodução obrigatória sobre direitos fundamentais.

MEDIDA CAUTELAR: é a tutela de urgência tem como objetivo a suspensão do ato impugnado até a decisão final do processo (artigo 10 da Lei n. 9.868/99), cujos efeitos são vinculantes "ex nunc" (efeito prospectivo) e eficácia "erga omnes", podendo o Tribunal de Justiça aplicar o efeito retroativo ("ex tunc"), nos termos do §1º, do artigo 11 da Lei n. 9.868/99, desde que tal ato não viole a Constituição Federal.

OITIVA DO PROCURADOR-GERAL DE JUSTIÇA: aplica-se por simetria o artigo 8º da Lei Federal n. 9.868/99.

EFEITOS DA DECISÃO: decisão com efeitos "ex tunc" (efeito retroativo), porém, o Tribunal de Justiça poderá modular os efeitos para "ex nunc" (efeito prospectivo) e estabelecer o termo inicial da inconstitucionalidade, para preservação da segurança jurídica ou de excepcional interesse social, desde que não viole à Constituição Federal (artigo 27 da Lei n. 9.868/99) – quórum de 2/3 (dois terços) dos Desembargadores do plenário ou órgão especial.

EFICÁCIA "ERGA OMNES" E EFEITO VINCULANTE: aplica-se por simetria o art. 28, parágrafo único, da Lei n. 9.868/99.

Atenção: essa decisão não vincula o Poder Legislativo na sua função típica de Legislar e o Executivo na sua função atípica de legislar por Medida Provisória Estadual (artigo 62 da CF)

DESCUMPRIMENTO DA DECISÃO FINAL: cabimento de reclamação constitucional.

QUÓRUM DE INSTALAÇÃO: 2/3 (dois terços) dos membros do órgão especial do Plenário ou Órgão especial.

QUÓRUM DE JULGAMENTO: maioria absoluta dos membros do plenário ou do órgão especial do Tribunal de Justiça.

1.1.8 REPRESENTAÇÃO INTERVENTIVA ESTADUAL

MEDIDA: REPRESENTAÇÃO INTERVENTIVA ESTADUAL (artigo 35, IV, da CF). Aplica-se, subsidiariamente e por simetria, a Lei n. 12.562/2011.

HIPÓTESES DE CABIMENTO: i) violação dos princípios sensíveis da Constituição Estadual ou ii) recusa de execução de lei, de ordem ou de decisão judicial.

OBJETIVO: restabelecer o respeito aos princípios sensíveis da Constituição Estadual violados por lei ou ato normativo municipal.

LEGITIMADO ATIVO: Procurador-Geral de Justiça (Chefe do Ministério Público Estadual – art. 129, IV, CF).

PETIÇÃO INICIAL – requisitos: i) indicar o princípio que o Procurador-Geral de Justiça considera violado ou lei, ordem ou decisão judicial não observada; ii) o ato normativo, ato administrativo ou a omissão questionada; iii) prova da violação do princípio sensível ou da recusa de execução de lei federal; iv) pedido e as especificações.

MEDIDA LIMINAR: maioria absoluta do Tribunal de Justiça para suspensão de processos judiciais e administrativos ou de qualquer medida em relação à matéria objeto da representação interventiva.

OITIVA DA AUTORIDADE RESPONSÁVEL: conforme Constituição Estadual e legislação própria, aplicando-se por simetria o artigo 6º da Lei n. 12.562/2011;

OITIVA DO PROCURADOR-GERAL DE JUSTIÇA E DO PROCURADOR-GERAL DO ESTADO: a fim de que se manifestem sobre a liminar e sobre o mérito da ação.

QUÓRUM DE INSTALAÇÃO: 2/3 (dois terços) dos membros do Tribunal ou Órgão Especial aos moldes do artigo 9º da Lei n. 12.562/2011 aplicado por simetria.

QUÓRUM DE JULGAMENTO: maioria absoluta do Tribunal ou Órgão Especial, aos moldes do art. 10 da Lei n. 12.562/2011 e art. 97 da Constituição Federal.

EFEITOS DA DECISÃO: julgado procedente o pedido, lavrado o acórdão, o presidente do Tribunal de Justiça levará o ao conhecimento do Governado de Estado para, no prazo de 15 (quinze) dias, decretar a intervenção estadual (artigo 11 da Lei n. 12.562/2011).
A decisão não é impugnável sequer por ação rescisória (artigo 12 da lei n. 12.562/2011).

1.2 – REMÉDIOS CONSTITUCIONAIS E RECLAMAÇÃO CONSTITUCIONAL

Remédios constitucionais são espécies de garantias constitucionais, ou seja, são meios de proteção a direitos fundamentais contra atos e omissões do Poder Público ou de quem lhe faça as vezes. A maior parte deles encontra-se no art. 5º da Constituição Federal nos incisos XXXIV, "a", LXVIII a LXXIII, isto é, direito de petição, "habeas corpus", "habeas data", mandado de segurança individual, mandado de segurança coletivo, mandado de injunção e ação popular. Já a ação civil pública tem única menção no art. 129, III, da Constituição Federal, sendo que seu principal regramento está na Lei n. 7.347/1985.

Ao ler o enunciado, deve o estudante observar qual foi o direito violado ou ameaçado e contra quem foi praticado o ato lesivo (pessoa física ou jurídica). Tais elementos são fundamentais para definição do remédio cabível. Destaca-se, por fim, que o direito de petição, conquanto seja remédio constitucional, diante de sua simplicidade e uso apenas na via administrativa, não será aqui tratado, servindo, eminentemente, como fundamento de mérito das outras peças práticas.

Por outro lado, a reclamação constitucional é ação judicial que deve ser proposta para preservar a competência e garantir a autoridade de decisões de tribunais. Está disciplinada na Constituição Federal, sobretudo nos artigos 102, I, "l" (STF), art. 103-A, §3º (súmula vinculante), art. 105, I, "f" (STJ) e art. 111-A, §3º (TST), bem como nos artigos 988 e seguintes do Código de Processo Civil. Embora diante da mesma situação fática seja possível propor reclamação e outra ação, o estudante deve ficar atento às palavras-chaves dessa ação, extraindo do enunciado o objetivo da medida judicial (preservar competência e garantir a autoridade de decisões).

1.2.1. MANDADO DE SEGURANÇA INDIVIDUAL

MEDIDA: MS – MANDADO DE SEGURANÇA INDIVIDUAL (Artigo 5º, LXIX, da Constituição Federal).
Trata-se de remédio constitucional – ação de rito especial disciplinado pela Lei n. 12.016/2009.

HIPÓTESES DE CABIMENTO: Proteção de <u>direito líquido certo</u> (aquele que dispensa dilação probatória – prova testemunha ou pericial – sendo fundamentado com toda prova documental – artigo 6º da Lei n. 12.016/2009), não amparado por "habeas corpus" (liberdade de ir e vir) ou por "habeas data" (acesso as informações, retificação ou complementação de dados) que decorre de abuso de poder ou ilegalidade.

DIREITO LÍQUIDO E CERTO: Direito subjetivo estabelecido pela legislação e descumprido pelo Poder Público ou a órgão a ele equiparado (ex. Reitor de Universidade Privada – exerce a realização do serviço público de educação por delegação). Exemplos: vaga em creche; fornecimento de medicamentos; exposição indevida de dados pessoais; cobrança ilegal de tributos; impedimento indevido do exercício de profissão ou atividade econômica.

COMPETÊNCIA: Decorre do caráter pessoal da autoridade coatora, i.e., competência em razão da pessoa (*ratione personae*).

LEGITIMADO ATIVO: Pessoa natural ou jurídica que teve seu direito líquido certo violado, ou terceiro interessado, nos termos do artigo 3º, "caput" da Lei n. 12.016/2009.

LEGITIMADO PASSIVO: Autoridade coatora, órgão ligado à pessoa jurídica de direito público interna. A pessoa jurídica em si não é autoridade coatora, mas apenas o cargo, exemplos: Presidente da República, Ministro de Estado, Governador, Secretário Estadual, Prefeito, Secretário Municipal, Magistrado (casos excepcionais quando não há possibilidade de interposição de recurso contra a decisão judicial).

PRAZO DECADENCIAL DE 120 (CENTO E VINTE DIAS) DO ATO COATOR: artigo 23 da Lei n. 12.016/2009.
Ultrapassado tal prazo ainda é cabível ação de rito comum com pedido de tutela de urgência. O prazo se refere apenas à impetração do mandado de segurança e não ao direito em si.

TUTELA DE URGÊNCIA: é a **TUTELA LIMINAR** – artigo 7º, III, da Lei n. 12.016/2009, objetiva suspender o ato impugnado ou ordenar a sua realização imediata, em sede de cognição sumária e precária (podendo ser revertida a qualquer momento).
Requisitos: **a)** probabilidade do direito; e **b)** perigo de dano irreparável, de difícil reparação ou ao resultado útil do processo.

Obs.: O Supremo Tribunal Federal, no julgamento da ADI 4296/DF, reconheceu a inconstitucionalidade do art. 7º, §2º, da Lei 12.016/2009, que veda a concessão de liminar nos casos de compensação de créditos tributários, a entrega de mercadorias e bens provenientes do exterior, a reclassificação ou equiparação de servidores públicos e a concessão de aumento ou a extensão de vantagens ou pagamento de qualquer natureza. A Corte entendeu ser inconstitucional o ato normativo que vede ou condicione a concessão de medida liminar na via mandamental.

INFORMAÇÕES DA AUTORIDADE COATORA: no prazo de 10 (dez) dias – artigo 7º, I, da Lei n. 12.016/2009.

OITIVA DO MEMBRO DO MINISTÉRIO PÚBLICO: no prazo de 10 (dez) dias, após as informações para apresentação de parecer (artigo 12 da Lei n. 12.016/2009).

OITIVA DO ÓRGÃO DE REPRESENTAÇÃO JUDICIAL DA PESSOA JURÍDICA DE DIREITO PÚBLICO: artigo 9º da Lei n. 12.016/2009.

NATUREZA JURÍDICA DA DECISÃO: mandamental – uma ordem para resguardo do direito líquido e certo para Autoridade Coatora.

NÃO PAGAMENTO DE HONORÁRIOS ADVOCATÍCIOS: artigo 25 da Lei n. 12.016/2009 e Súmula 105 do STJ

1.2.2. MANDADO DE SEGURANÇA COLETIVO

MEDIDA: MSc – MANDADO DE SEGURANÇA COLETIVO
(Artigo 5º, LXX, da Constituição Federal)
Trata-se de remédio constitucional – ação de rito especial disciplinado pela Lei n. 12.016/2009 com finalidade de proteção das coletividades ou grupos.

HIPÓTESES DE CABIMENTO: Proteção de direito líquido certo **coletivo** (direitos transindividuais de natureza indivisível, cujo titular é grupo ou categoria ligado por uma relação jurídica básica) e **individual homogêneo** (direitos decorrentes de origem comum e de atividade ou situação específica da totalidade ou de parte dos associados ou membros do impetrante), nos termos do parágrafo único do artigo 21 da Lei n. 12.016/2009.

DIREITO LÍQUIDO E CERTO – Direito subjetivo de caráter coletivo ou individual homogêneo estabelecido pela legislação e descumprido pelo Poder Público ou a órgão a ele equiparado.

COMPETÊNCIA JUDICIAL: Decorre do caráter pessoal da autoridade coatora, i.e., competência em razão da pessoa (*ratione personae*).

LEGITIMADO ATIVO: i) partido político com representação no Congresso Nacional; ii) organização sindical ou entidade de classe ou associação legalmente constituída há pelo menos um ano. (Artigo 5º, LXX, "a" e "b" da CF e artigo 21 da Lei n. 12.016/2009).

LEGITIMADO PASSIVO: Autoridade Coatora, órgão ligado à pessoa jurídica de direito público interna. A pessoa jurídica em si não é autoridade coatora, mas apenas o cargo, exemplos: Presidente da República, Ministro de Estado, Governador, Secretário Estadual, Prefeito, Secretário Municipal;

PRAZO DECADENCIAL DE 120 (CENTO E VINTE DIAS) DO ATO COATOR: artigo 23 da Lei n. 12.016/2009.
Ultrapassado tal prazo, ainda é cabível ação coletiva com pedido de tutela liminar. O prazo se refere apenas ao MS e não ao direito.

TUTELA DE URGÊNCIA: é a **TUTELA LIMINAR** – artigo 7º, III, da Lei n. 12.016/2009, objetiva suspender o ato impugnado ou ordenar a sua realização imediata, em sede de cognição sumária e precária (podendo ser revertida a qualquer momento). Requisitos: **a)** probabilidade do direito; e **b)** perigo de dano irreparável, de difícil reparação ou ao resultado útil do processo.

ATENÇÃO: O artigo 22, §2º, da Lei n. 12.016/2009 estabelece a obrigatoriedade de ouvir a Autoridade Coatora sobre a liminar no prazo de 72 (setenta e duas) horas. Todavia, o Supremo Tribunal Federal, no julgamento da ADI 4296/DF, declarou a inconstitucionalidade do dispositivo por entender que a lei restringia o poder geral de cautela do magistrado.

INFORMAÇÕES DA AUTORIDADE COATORA: no prazo de 10 (dez) dias – artigo 7º, I, da Lei n. 12.016/2009.

OITIVA DO MEMBRO DO MINISTÉRIO PÚBLICO: no prazo de 10 (dez) dias, após as informações para apresentação de parecer – artigo 12 da Lei n. 12.016/2009.

OITIVA DO ÓRGÃO DE REPRESENTAÇÃO JUDICIAL DA PESSOA JURÍDICA DE DIREITO PÚBLICO: artigo 7º, II, da Lei n. 12.016/2009 e art. 9º da Lei n. 12.016/2009 (liminar).

NATUREZA JURÍDICA DA DECISÃO: mandamental – uma ordem para resguardo do direito líquido e certo para Autoridade Coatora.

EFEITOS: coisa julgada entre os membros do grupo ou categorias substituídos pelo impetrante (artigo 22 da Lei n. 12.016/2009). Em caso de haver ações individuais, os efeitos da decisão só aproveitam aqueles que desistirem das ações individuais (artigo 22, §1º, da Lei n. 12.016/2009).

NÃO PAGAMENTO DE HONORÁRIOS ADVOCATÍCIOS: artigo 25 da Lei n. 12.016/2009 e Súmula 105 do STJ

1.2.3. HABEAS DATA

MEDIDA: HD – HABEAS DATA (Artigo 5º, LXXII, da Constituição Federal).
Trata-se de remédio constitucional – ação de rito especial disciplinado pela Lei n. 9.507/1997.

HIPÓTESES DE CABIMENTO: Duas hipóteses constitucionais e outra legal – 3 (três) casos: **i)** assegurar acesso de informações pessoais do impetrante constante de banco de dados de entidades governamentais ou de caráter público; **ii)** retificação de dados; **iii)** para a anotação nos assentamentos do interessado, de contestação ou explicação sobre dado verdadeiro, mas justificável e que esteja sob pendência judicial ou amigável.

PRESSUPOSTO LÓGICO PROCESSUAL: Requerimento administrativo e a recusa no prazo máximo de 48 (quarenta e oito) horas (artigo 2º da Lei n. 9.507/97). Não se trata de esgotamento da via administrativa, mas solicitação e recusa. A recusa ou inércia da autoridade é condição essencial para processamento do remédio constitucional (artigo 8º, parágrafo único, da Lei n. 9.507/97 e Súmula 2 do STJ).

COMPETÊNCIA: Decorre do caráter pessoal da autoridade coatora – artigo 20 da Lei n. 9.507/97.

LEGITIMADO ATIVO: Pessoa natural ou jurídica que teve a recusa ilegal do acesso, retificação ou anotação.

LEGITIMADO PASSIVO: órgão público ou entidade pública ou entidade privada de caráter público que detenham banco de dados (artigo 1º, parágrafo único da Lei n. 9.507/97). Ex.: Receita Federal, INSS, Serasa, SPC.

PETIÇÃO INICIAL: artigo 8º da Lei n. 9.507/97 e artigo 319 do CPC.

TUTELA DE URGÊNCIA: é a **TUTELA LIMINAR** – não há previsão legal, mas é possível, sendo uma construção jurisprudencial desde que presentes os requisitos da probabilidade do direito e do perigo de dano irreparável, de difícil reparação ou ao resultado útil do processo.

NÃO POSSUI CUSTAS: É uma ação **gratuita**, nos termos do artigo 5º, LXXVII, da Constituição Federal e artigo 21 da Lei n. 9.507/97.
INFORMAÇÕES DA AUTORIDADE COATORA: no prazo de 10 (dez) dias – artigo 9º da Lei n. 9.507/97.

OITIVA DO MEMBRO DO MINISTÉRIO PÚBLICO: no prazo de 5 (cinco) dias, após as informações para apresentação de parecer – artigo 12 da Lei n. 9.507/97.

NATUREZA JURÍDICA DA DECISÃO: mandamental – uma ordem para acesso às informações, retificação de informações ou anotação à margem (artigo 13 da Lei n. 9.507/97).

INDEFERIMENTO DA PETIÇÃO INICIAL: caso falte algum dos requisitos legais a petição será indeferida (artigo 10 da Lei n. 9.507/97), especialmente, o pedido de informações, retificação e anotação e a falta de prova da recusa ou inércia no prazo do artigo 1º, parágrafo único, da Lei n. 9.507/97.

RENOVAÇÃO DO PEDIDO: caso o mérito não tenha sido julgado, como no caso do indeferimento, o pedido poderá ser renovado com o preenchimento dos requisitos legais.

1.2.4. HABEAS CORPUS

MEDIDA: HC – HABEAS CORPUS (Artigo 5º, LXVIII, da Constituição Federal) Trata-se de remédio constitucional – ação de rito especial disciplinado pelo Código de Processo Penal (artigos 647 a 667).

HIPÓTESES DE CABIMENTO: proteção de pessoa natural em face de ameaça ou grave violência ou coação em sua liberdade de locomoção (liberdade de ir e vir), por ilegalidade ou abuso de poder. O conceito de coação ilegal encontra-se previsto no artigo 648 do CPP.

MODALIDADES:

A) PREVENTIVA: Trata-se de um **salvo-conduto** expedido pelo juiz para impedir a prisão, o qual visa evitar uma violação futura da liberdade (ex. depoimento em CPI). A liberdade ambulatorial está sob ameaça.

B) REPRESSIVA OU LIBERATÓRIA: Cessação imediata da coação ou violência contra a liberdade de ir e vir, com a concessão do **alvará de soltura**. A liberdade ambulatória já foi violada.

COMPETÊNCIA: Decorre do caráter pessoal da autoridade coatora (artigo 650 do CPP).

LEGITIMADO ATIVO:
A) IMPETRANTE: qualquer pessoa natural ou jurídica, ou Ministério Público.

Exceção: o juiz do processo, porém, poderá conceder a ordem de ofício (art. 654, §2º, do CPP).

Obs.: Vale destacar que o Supremo Tribunal Federal admitiu a possibilidade do "habeas corpus" coletivo (HC 143641/SP), tendo por legitimados ativos Ministério Público, Defensoria Pública, partido político com representação no Congresso Nacional, organização sindical, entidade de classe ou associação, aplicando-se por analogia o art. 12 da Lei do Mandado de Injunção (Lei n. 13.300/2016)

B) PACIENTE: pessoa física ou natural, brasileira ou estrangeira.

Obs.: em crimes ambientais, doutrina minoritária admite pessoa jurídica como paciente, para trancar o inquérito ou extinguir processo, embora não seja esse o entendimento do Supremo Tribunal Federal (vide HC 92921/BA).

LEGITIMADO PASSIVO: autoridade ou agente público. Em casos excepcionais, admite-se o particular como autoridade coatora. Exemplo: Diretor de clínica privada que não autoriza a alta do paciente sem que haja o pagamento das despesas médicas.

PETIÇÃO INICIAL: artigo 654 do Código de Processo Penal – I) qualificação das partes; II) declaração da espécie de constrangimento e as razões que fundam o temor e; III) A assinatura do impetrante.

TUTELA DE URGÊNCIA: é a **TUTELA LIMINAR** – <u>não</u> há previsão legal, mas é possível, sendo uma construção jurisprudencial desde que presentes os requisitos da probabilidade do direito e do perigo de dano irreparável, de difícil reparação ou ao resultado útil do processo.

INFORMAÇÕES DA AUTORIDADE COATORA: No prazo fixado pelo juiz. O não cumprimento implica na sanção de multa diária (art. 655 do CPP).

OITIVA DO MEMBRO DO MINISTÉRIO PÚBLICO: pode ocorrer quando esse não for impetrante, por determinação do juiz.

NATUREZA JURÍDICA DA DECISÃO: mandamental – ordem para o exercício da liberdade quando houver ameaça (salvo-conduto), ou para reparar coação ou grave violência (alvará de soltura). Pode ser concedida, ainda, para trancamento ou anulação de processo penal.

PRAZO DA DECISÃO: em regra, 24 (vinte quatro) horas após a realização das diligências (art. 660 do CPP).

<u>**NÃO**</u> **POSSUI CUSTAS:** É uma ação **gratuita**, nos termos do artigo 5º, LXXVII, da Constituição Federal.

1.2.5. AÇÃO POPULAR

MEDIDA: AP – AÇÃO POPULAR (Artigo 5º, LXXIII, da Constituição Federal).
Trata-se de remédio constitucional – ação de rito especial disciplinado pela Lei n. 4.717/65 – isenta de custas e honorários se o autor popular estiver de boa-fé

HIPÓTESES DE CABIMENTO: existência de ato lesivo ao patrimônio público ou de entidade que o Estado participe (empresa pública, autarquia e sociedade de econômica mista), violação à moralidade administrativa, ao meio ambiente e ao patrimônio histórico e cultural.

COMPETÊNCIA: Não há prerrogativa de foro, sendo proposta, em regra, perante Varas da Fazenda Pública ou Vara Cíveis (onde não houver Vara da Fazenda Pública) nos âmbitos da Justiça Comum Estadual e da Justiça Federal, de acordo com a origem do ato impugnado (federal, estadual e municipal), sendo competência da Justiça Eleitoral para questão relativa à impugnação da eleição.

LEGITIMADO ATIVO: cidadão, isto é, a pessoa natural com seus direitos políticos ativos: brasileiro nato ou naturalizado, maior de 16 (dezesseis) anos e o português residente no Brasil sob condição de reciprocidade. Título de Eleitor faz prova da cidadania (art. 1º, §3º, da Lei n. 4.717/65).

LEGITIMADO PASSIVO: Pessoa jurídica cujo patrimônio pretende proteger (ente federativo, autarquia, empresa pública, sociedade de economia mista), pessoas que causam ou ameaçam causar lesão a bens tutelados pela ação popular (funcionários ou administradores que praticaram a lesão e ainda os beneficiários diretos do ato ou da omissão), nos termos do artigo 6º da Lei n. 4.717/65.

DESISTÊNCIA: caso ocorra a desistência imotivada ou abandono do processo, outro cidadão ou Ministério Público poderão assumir a titularidade da ação (art. 9º da Lei n. 4.717/65).

OBJETO: Fiscalizar os atos do poder público, bem como invalidar os atos nulos (artigo 2º da Lei n. 4.717/65) decorrentes de lesão do patrimônio público ou ilegais, impugnando atos administrativos vinculados (legalidade) ou discricionários (regularidade) que visem causar danos ao Erário, à moralidade administrativa, ao Meio Ambiente e ao Patrimônio Histórico e Cultural. Além disso, visa obtenção da reparação civil pelos danos causados ao patrimônio material e imaterial do Poder Público.

NÃO PODEM SER OBJETO DE AÇÃO POPULAR: atos jurisdicionais, leis e outros atos sem efeito concreto.

TUTELA DE URGÊNCIA: é a **TUTELA LIMINAR** – art. 5º, §4º, da Lei n. 4.717/65, objetiva **suspender** o ato impugnado ou ordenar a sua realização Requisitos: **a)** probabilidade do direito; e **b)** perigo de dano irreparável, de difícil reparação ou ao resultado útil do processo.

ADMITE DILAÇÃO PROBATÓRIA: podendo ser produzidas todas as provas admitidas em direito.

CITAÇÃO DOS RÉUS: prazo de 20 dias prorrogáveis por mais 20 dias (art. 7º I da Lei n. 4717/65) para contestarem a inicial.

OITIVA DO MEMBRO DO MINISTÉRIO PÚBLICO: art. 7º, I, da Lei n. 4.717/65 – para apresentação de parecer.

NATUREZA JURÍDICA DA DECISÃO: declaratória (nulidade dos atos administrativos e atos jurídicos particulares) e **condenatória** (reparação dos danos). Há condenação dos réus em honorários advocatícios e custas – art. 12 da Lei n. 4.717/65.

BOA-FÉ E ISENÇÃO DE CUSTAS JUDICIAIS E ÔNUS DA SUCUMBÊNCIA: o autor popular de boa-fé (presumida) é isento de custas judiciais e ônus da sucumbência (art. 5º, LXXIII, CF).

LIDE TEMERÁRIA: Se o autor de má-fé propôs a ação popular, será condenado ao décuplo das custas (art. 13 da Lei n. 4.717/65).

PRESCRIÇÃO: 5 (cinco) anos, conforme artigo 21 da Lei n. 4.717/65.

1.2.6. AÇÃO CIVIL PÚBLICA

MEDIDA: ACP – AÇÃO CIVIL PÚBLICA (art. 129, III, da Constituição Federal e Lei 7.347/85).

HIPÓTESES DE CABIMENTO: proteção do patrimônio público e social, meio ambiente e de outros interesses difusos e coletivos conforme definidos pelo art. 81 do Código de Defesa do Consumidor (art. 129, III, da CF).
A Lei n. 7.347/85, no seu art. 1º prescreve que ação civil pública é uma ação reparatória dos danos causados ao meio ambiente, ao consumidor, bens e direitos de valor artístico, estético, histórico, turístico e paisagístico, interesses difusos e coletivos, infração da ordem econômica, infração à ordem urbanística, violação à honra de grupos raciais, étnicos ou religiosos e patrimônio público e social.

COMPETÊNCIA: A competência é apurada mediante o critério objetivo do **local do dano** ("ratione loci"), tratando-se de competência **funcional** (**absoluta**), conforme estabelece o art. 2º da Lei n. 7.347/85.

LEGITIMADOS ATIVOS: O Ministério Público (art. 129, III e art. 5º, I, da Lei n. 7.347/85); Os demais legitimados estão previstos nos inciso II a V do art. 5º da Lei n. 7.347/85, da seguinte forma: Defensoria Pública; União; os Estados, o Distrito Federal e os Municípios, autarquia, empresa pública, fundação ou sociedade de economia mista; e associação constituída há pelo menos 1 (um) ano e que inclua entre as suas finalidades institucionais, a proteção ao patrimônio público e social, meio ambiente, ao consumidor, à ordem econômica, à livre concorrência, aos direitos de grupos raciais, étnicos ou religiosos ou ao patrimônio artístico, estético, histórico, turístico e paisagístico.

LEGITIMADO PASSIVO: Pessoa natural ou jurídica de direito privado ou público que violar os bens jurídicos protegidos pela Lei da Ação Civil Pública.

OBJETO: Como seu escopo é ser uma ação de responsabilidade civil de cunho reparatório, seu objeto implica em uma condenação em dinheiro ou no cumprimento de uma obrigação de fazer ou não fazer (art. 3º, da Lei n. 7.347/85). Se tratando de obrigação de fazer o juiz determinará o cumprimento da prestação da atividade devida ou a cessação da atividade nociva, sob pena de multa diária e execução específica. Em caso de condenação em dinheiro, esse será destinado ao Fundo estadual ou Federal previsto em lei.

TUTELA DE URGÊNCIA: é a **TUTELA LIMINAR** – art. 12 da Lei n. 7.347/85 – para suspensão do ato impugnado ou adoção de providência de caráter imediato. Requisitos: "fumus boni iuris" (probabilidade do direito) e "periculum in mora" (perigo de dano irreparável, de difícil reparação ou ao resultado útil do processo).
Não será concedida *inaudita altera pars,* ou seja, dependerá da oitiva do representante da pessoa jurídica de direito público que deverá ser pronunciar no prazo de 72 (setenta e duas) horas - art. 2º da Lei n. 8.437/92.

CITAÇÃO DOS RÉUS: 15 (quinze) dias, nos termos do Código de Processo Civil.

NATUREZA JURÍDICA DA DECISÃO: condenatória de obrigação de pagar dinheiro, fazer ou não fazer determinada conduta.

EFEITOS DA SENTENÇA: eficácia "erga omnes" nos limites da competência territorial do órgão prolator.

Obs.: O Supremo Tribunal Federal, no tema 1075 de Repercussão Geral fixou a seguinte tese: I - É inconstitucional a redação do art. 16 da Lei 7.347/1985, alterada pela Lei 9.494/1997, sendo repristinada sua redação original. II - Em se tratando de ação civil pública de efeitos nacionais ou regionais, a competência deve observar o art. 93, II, da Lei 8.078/1990 (Código de Defesa do Consumidor). III - Ajuizadas múltiplas ações civis públicas de âmbito nacional ou regional e fixada a competência nos termos do item II, firma-se a prevenção do juízo que primeiro conheceu de uma delas, para o julgamento de todas as demandas conexas.

ISENÇÃO DE CUSTAS E HONORÁRIOS: Art. 18 da Lei n. 7.347/85 – ressalvada a má-fé, não haverá condenação da associação autora em custas e honorários no caso de improcedência do pedido.

Importante mencionar que a respeito da condenação em honorários, o STJ (REsp 1.974.436-RJ, Informativo 730) entende que, quando a ação civil for impetrada por ente público ou Ministério Público, se o réu estiver de boa-fé, não haverá condenação em honorários, diante da aplicação do princípio da simetria. Isso porque se o pedido fosse improcedente, o ente público ou Ministério Público não pagariam honorários, salvo má-fé.

Por outro lado, caso a ação civil pública seja impetrada por associação ou fundação privada, a procedência do pedido implicará na condenação do réu em honorários, independentemente de estar ou não de boa-fé. Neste caso, o STJ fixou a tese de que *"não se aplica às ações civil públicas propostas por associações e fundações privadas o princípio da simetria na condenação do réu nas custas e nos honorários advocatícios."*

1.2.7. MANDADO DE INJUNÇÃO INDIVIDUAL

MEDIDA: MI INDIVIDUAL – MANDADO DE INJUNÇÃO INDIVIDUAL (Artigo 5º, LXXI, da Constituição Federal).
Trata-se de remédio constitucional – ação de rito especial disciplinado pela Lei n. 13.300/2016.

HIPÓTESES DE CABIMENTO: Proteção do exercício das liberdades constitucionais e das prerrogativas inerentes à nacionalidade, à soberania e à cidadania, frente a uma **omissão legislativa ou administrativa**, ainda que parcial (art. 2º da Lei n. 13.300/2016).

COMPETÊNCIA: Decorre do caráter pessoal da autoridade competente para sanar a omissão inconstitucional: **a) Supremo Tribunal Federal:** (art. 102, I, "q", da CF); **b) Superior Tribunal de Justiça:** (art. 105, I, "h", da CF); **c) Tribunal de Justiça do Estado:** (art. 125, §1º); **d) Tribunal Superior Eleitoral** (art. 121, §4º, V, da CF).

LEGITIMADO ATIVO: Pessoa natural ou jurídica que tem o exercício de seus direitos fundamentais impedidos pela omissão inconstitucional

LEGITIMADO PASSIVO: Poder ou órgão responsável pela edição da norma regulamentadora infraconstitucional da norma constitucional.

PETIÇÃO INICIAL: Padrão do artigo 319 do Código de Processo Civil vigente, nos termos 4º da Lei n. 13.300/2016.

DOCUMENTO ESSENCIAL: art. 4º, §2º, da Lei n. 13.300/2016 – ordem judicial para sua entrega ou apresentação em 10(dez) dias.

OMISSÃO INCONSTITUCIONAL: Em regra, as normas constitucionais não regulamentadas são aquelas de **eficácia limitada** (nas lições de José Afonso da Silva), ou seja, que dependam de regulamentação infraconstitucional para o seu exercício, possuindo apenas uma eficácia negativa (impeditiva da redução dos direitos pelo legislador ordinário).

TUTELA DE URGÊNCIA: Segundo a jurisprudência do STF **não** se admite tutela de urgência em procedimento de Mandado de Injunção.

INDEFERIMENTO DA PETIÇÃO INICIAL: Quando não for o caso de MI ou o pedido for manifestamente improcedente (art. 6º, da Lei n. 13.300/2016).

INFORMAÇÕES DA AUTORIDADE COATORA – no prazo de 10 (dez) dias – artigo 5º, I, da Lei n. 13.300/2016.

OITIVA DO MEMBRO DO MINISTÉRIO PÚBLICO: apresentação de parecer no prazo de 10 (dez) dias, após as informações – artigo 7º, da Lei n. 13.300/2016.

CIÊNCIA DO ÓRGÃO DE REPRESENTAÇÃO JUDICIAL DA PESSOA JURÍDICA DE DIREITO PÚBLICO: para que querendo ingresse no feito – artigo 5º, II, da Lei n. 13.300/2016.

NATUREZA JURÍDICA DA DECISÃO FINAL: natureza **mista** – mandamental e normativa aditiva.

A) Mandamental: (art. 8º, I, da Lei n. 13.330/2016) – fixação de prazo razoável para o impetrado promova a edição da norma regulamentadora;

B) Manipulativa de espécie normativa aditiva: art. 8º, II, da Lei n. 13.330/2016 – o Tribunal preenche a lacuna, estabelecendo as condições em que se darão os direitos, as liberdades ou as prerrogativas reclamadas ou, se for o caso, as condições em que poderá o interessado promover ação própria visando a exercê-los, caso não seja suprida a mora legislativa no prazo determinado. De acordo com o art. 8º, parágrafo único, da Lei n. 13.330/2016, não se determinará o prazo razoável quando comprovado que o impetrado deixou de atender, em mandado de injunção anterior, ao prazo estabelecido para a edição da norma.

EFEITOS DA DECISÃO: Em regra, "inter partes" (entre as partes), produzindo efeito até a norma regulamentadora ("caput" do art. 9º da Lei n. 13.300/2016). O Tribunal competente poderá estender os efeitos para "ultra partes" ou "erga omnes", quando indispensável ao exercício do direito. (§1º do art. 9º da Lei n. 13.300/2016), sem prejuízo da sua aplicação em casos análogos (§2º do art. 9º da Lei n. 13.300/2016).

1.2.8. MANDADO DE INJUNÇÃO COLETIVO

MEDIDA: MI COLETIVO – MANDADO DE INJUNÇÃO COLETIVO (Artigo 5º, LXXI, da Constituição Federal).
Trata-se de remédio constitucional – ação de rito especial disciplinado pelo artigo 12 e seguintes da Lei n. 13.300/2016.

HIPÓTESES DE CABIMENTO: Proteção do exercício das liberdades constitucionais e das prerrogativas inerentes à nacionalidade, à soberania e à cidadania, frente a uma omissão legislativa ou administrativa, ainda que parcial, pertencentes, indistintamente, a uma coletividade indeterminada de pessoas ou de determinado grupo, classe ou categoria (interesses difusos e coletivos), nos termos do parágrafo único do artigo 12 da Lei n. 13.300/2016.

COMPETÊNCIA: Decorre da autoridade competente para sanar a omissão inconstitucional: **a) STF:** (art. 102, I, "q", da CF); **b) STJ** (art. 105, I, "h", da CF); **c) Tribunal de Justiça do Estado:** (art. 125, §1º); **d) Tribunal Superior Eleitoral** (art. 121, §4º, V, da CF).

LEGITIMADOS ATIVOS: Ministério Público (art. 12, I, da Lei n. 13.300/2016), partido político com representação no Congresso Nacional (art. 12, II, da Lei n. 13.300/2016), organização sindical, entidade de classe ou associação constituída a pelo menos 1 (um) ano (art. 12, III, da Lei n. 13.300/2016) e Defensoria Pública (inciso IV, do art. 12 da Lei n. 13.300/2016).

LEGITIMADO PASSIVO: Poder ou órgão responsável pela edição da norma regulamentadora infraconstitucional da norma constitucional.

PETIÇÃO INICIAL: Padrão do artigo 319 do Código de Processo Civil vigente, nos termos 4º da Lei n. 13.300/2016.
DOCUMENTO ESSENCIAL: art. 4º, §2º, da Lei n. 13.300/2016 – ordem judicial para sua entrega ou apresentação em 10(dez) dias.

OMISSÃO INCONSTITUCIONAL: Em regra, as normas constitucionais não regulamentadas são aquelas de **eficácia limitada** (nas lições de José Afonso da Silva), ou seja, que dependam de regulamentação infraconstitucional para o seu exercício, possuindo apenas uma eficácia negativa (impeditiva da redução dos direitos pelo legislador ordinário).

TUTELA DE URGÊNCIA: Segundo a jurisprudência do STF **não** se admite tutela de urgência em procedimento de Mandado de Injunção.

INDEFERIMENTO DA PETIÇÃO INICIAL: Quando não for o caso de MI ou o pedido for manifestamente improcedente (art. 6º, da Lei n. 13.300/2016).

INFORMAÇÕES DA AUTORIDADE COATORA: no prazo de 10 (dez) dias – artigo 5º, I, da Lei n. 13.300/2016.

CIÊNCIA DO ÓRGÃO DE REPRESENTAÇÃO JUDICIAL DA PESSOA JURÍDICA DE DIREITO PÚBLICO: para que querendo ingresse no feito – artigo 5º, II, da Lei n. 13.300/2016.

OITIVA DO MEMBRO DO MINISTÉRIO PÚBLICO: apresentação de parecer no prazo de 10 (dez) dias, após as informações – artigo 7º, da Lei n. 13.300/2016.

NATUREZA JURÍDICA DA DECISÃO FINAL: natureza mista – mandamental e normativa aditiva.

A) Mandamental: (art. 8º, I, da Lei n. 13.330/2016) – fixação de prazo razoável para o impetrado promova a edição da norma regulamentadora;

B) Manipulativa de espécie normativa aditiva: art. 8º, II, da Lei n. 13.330/2016 – o Tribunal preenche a lacuna, estabelecendo as condições em que se darão os direitos, as liberdades ou as prerrogativas reclamadas ou, se for o caso, as condições em que poderá o interessado promover ação própria visando a exercê-los, caso não seja suprida a mora legislativa no prazo determinado. De acordo com o art. 8º, parágrafo único, da Lei n. 13.330/2016, não se determinará o prazo razoável quando comprovado que o impetrado deixou de atender, em mandado de injunção anterior, ao prazo estabelecido para a edição da norma.

EFEITOS DA DECISÃO: Em regra, "inter partes" (entre as partes), produzindo efeito às pessoas integrantes da coletividade, do grupo, classe ou categoria, até a norma regulamentadora – art. 13 da Lei 13.300/2016. O Tribunal competente poderá estender os efeitos para "ultra partes" ou "erga omnes", quando indispensável ao exercício do direito. (§1º do art. 9º da Lei n. 13.300/2016), sem prejuízo da sua aplicação em casos análogos (§2º do art. 9º da Lei n.

13.300/2016). Em caso de haver ações individuais, os efeitos da decisão só aproveitam aqueles que desistirem das ações individuais (parágrafo único do art. 13 da Lei n. 13.300/2016).

1.2.9. RECLAMAÇÃO CONSTITUCIONAL

MEDIDA: RCL- RECLAMAÇÃO CONSTITUCIONAL (art. 102, I, "l", art. art. 103-A, §3°, da Constituição Federal, Lei n. 11.417/2006 e artigos 988 a 993 do Código de Processo Civil). Trata-se de ação de rito especial que visa garantir a segurança jurídica e a autoridade da interpretação das decisões do Supremo Tribunal Federal (outras reclamações preservam a autoridade de outros tribunais) e suas competências.

HIPÓTESES DE CABIMENTO: a) preservar a competência do Tribunal; b) garantir a autoridade das decisões do tribunal; c) garantir a observância de enunciado de súmula vinculante e de decisão do Supremo Tribunal Federal em controle concentrado de constitucionalidade e; d) garantir a observância de acórdão proferido em julgamento de incidente de resolução de demandas repetitivas ou de incidente de assunção de competência.

PRESSUPOSTO LÓGICO PROCESSUAL: No caso de violação à súmula vinculante realizada por omissão ou ato da administração pública, **é necessário, o esgotamento da via administrativa** – art. 7°, §1°, da Lei n. 11.417/2006.

COMPETÊNCIA: Supremo Tribunal Federal - art. 102, I, "l", art. art. 103-A, §3°, da Constituição Federal, Lei n. 11.417/2006. **Superior Tribunal de Justiça** – art. 105, I, "f", CF. **Outros tribunais** – art. 988, §1°, CPC.

LEGITIMADO ATIVO: Reclamante – Pessoa natural ou jurídica (parte interessada) ou Ministério Público.

LEGITIMADO PASSIVO: Reclamado – A autoridade pública (administrativa ou judicial) que descumpriu as decisões ou usurpou a competência de tribunal.

OBJETO: IMEDIATO - proteger a segurança jurídica e a estabilização institucional do ordenamento jurídico, com a garantia e tutela das da autoridade das decisões de tribunal e de sua competência. **MEDIATO -** o bem jurídico que a decisão protege ou a cumprimento da ordem jurídica.

TUTELA DE URGÊNCIA: é a **TUTELA LIMINAR** – art. 989, II, do Código de Processo Civil, para **suspensão** do ato impugnado, desde que presentes os requisitos da probabilidade do direito *("fumus boni iuris")* e o perigo de dano de difícil reparação, irreparável ou ao resultado útil do processo *("periculum in mora")*.

INFORMAÇÕES DO RECLAMADO: no prazo de10 (dez) dias, nos termos do art. 989, I, do CPC 2015.

OITIVA DO MEMBRO DO MINISTÉRIO PÚBLICO: no prazo de 5 (cinco) dias, após as informações para apresentação de parecer, quando esse não for o reclamante, nos termos do art. 991 do Código de Processo Civil vigente.

CITAÇÃO DO BENEFICIÁRIO DA DECISÃO IMPUGNADA PARA APRESENTAÇÃO DE CONTESTAÇÃO NO PRAZO DE 15 (QUINZE) DIAS – art. 989, III, do CPC 2015.

NATUREZA JURÍDICA DA DECISÃO: mandamental – uma ordem para cassação da decisão impugnada, resguardo e preservação das competências e da autoridade das decisões do Supremo Tribunal Federal, e a determinação adequada à solução da controvérsia – art. 992 do Código de Processo Civil e art. 7°, §2°, da Lei n. 11.417/2006.

EFICÁCIA IMEDIATA: mesmo antes da publicação do acórdão (art. 993 do CPC), atingido aquela dada situação concreta.

NÃO CABE RECLAMAÇÃO: a) quando a decisão já tiver transitado em julgado – **coisa julgada material** – (STF, RcL 32.261) – súmula n. 734 do STF; b) não pode ser utilizado como sucedâneo recursal – quando couber recurso da decisão – (STF, Rcl 6.534).

1.3 – AÇÃO DE RITO COMUM, CONTESTAÇÃO E RECURSOS E DEFESAS PROCESSUAIS

Nesta última parte do primeiro capítulo serão apresentados os fichamentos da petição inicial e da contestação no rito comum, bem como dos recursos processuais listados no Código de Processo Civil.

Ressalta-se que o rito comum é o rito padrão adotado pela legislação processual civil para a realização dos atos processuais. Aludido rito é o mais amplo e possui **quatro fases distintas: 1) postulatória, 2) saneadora, 3) instrutória e 4) decisória.** A primeira fase consiste na apresentação da pretensão do autor e da resistência do réu, mediante contestação. A segunda fase (saneadora) consiste na delimitação dos pontos controvertidos e naquilo que se deve provar. Na terceira fase (instrutória), cada parte se valerá de todos os meios de prova admitidos para comprovar as alegações formuladas. Por último, na quarta fase (decisória), o magistrado decidirá sobre a pretensão formulada se procedente ou improcedente.

Ao analisar o enunciado de prova, o examinado somente deverá optar pela ação de rito comum, uma vez afastada a possibilidade de incidência das ações de controle e dos remédios constitucionais, eis que o rito comum tem caráter **subsidiário** em relação aos ritos especiais. Neste sentido, a peça deverá seguir os preceitos do art. 319 do Código de Processo Civil. Anota-se que a ação de rito comum pode assumir outras nomenclaturas de acordo com o pedido – ação indenizatória, ação anulatória, ação de obrigação de fazer etc.

Em contrapartida, caso a peça requerida seja a defesa processual, em especial, a contestação, o estudante deve encontrar no enunciado a menção ao ato citatório, cuja função é formar a relação jurídico-processual. Na contestação, cabe ao réu expor os fatos impeditivos, modificativos ou extintivos do direito do autor, alegando toda a matéria de defesa (**princípio da eventualidade – art. 336 do CPC**) e refutando cada um dos pontos ventilados na inicial (**princípio da impugnação específica – art. 341 do CPC**).

De outra vertente, na linha processual é possível a cobrança de recursos processuais. Recursos processuais são medidas judiciais que têm por objetivo a reforma, anulação ou impugnação de uma decisão judicial específica. É preciso que, em primeiro lugar, o estudante detecte a natureza jurídica da decisão (decisão interlocutória, sentença ou acórdão), para que possa identificar qual a espécie recursal cabível. Salienta-se que, se a peça for um recurso, o enunciado de prova narrará acerca da existência de um processo judicial em curso, sendo o ponto-chave a decisão desfavorável de um órgão judicial. Importante, ainda, distinguir a estrutura recursal, pois existem recursos feitos em **peça única** (ex. agravo de instrumento, embargos de declaração) e outros elaborados em **duas petições** – interposição e razões recursais (ex. apelação, recurso ordinário constitucional, recurso especial, recurso extraordinário etc.). Deve-se ainda, ao final, requerer o conhecimento e provimento do recurso para reformar ou anular a decisão judicial impugnada.

1.3.1. AÇÃO DE RITO COMUM

MEDIDA: AÇÃO DE RITO COMUM (art. 319 do Código de Processo Civil, sendo uma decorrência do art. 5º, XXXV, da CF - acesso ao Poder Judiciário).

HIPÓTESES DE CABIMENTO: Violado um direito subjetivo previsto na Constituição Federal ou na legislação, a pessoa natural ou jurídica pode propor uma ação de rito comum, desde que não seja obrigatória a adoção de alguma ação de rito especial para o fim a ser alcançado.

COMPETÊNCIA: regras de competência estão previstas no Código de Processo Civil (artigos 42 a 66 do CPC).

LEGITIMADO ATIVO: AUTOR – qualquer pessoa natural ou jurídica que teve seu direito violado.

LEGITIMADO PASSIVO: RÉU – qualquer pessoa natural ou jurídica que violou o direito do autor.
Vale lembrar que órgão público ou autoridade não é parte legitima (ato secretário municipal – o legitimado é o Município, ato de agente público estadual – o legitimado é o Estado).

OBJETO: obter a proteção do direito violado, por meio de pedidos imediatos de natureza **declaratória, condenatória, constitutiva, constitutiva negativa, mandamental, inibitória, mistas e inominadas.**

Obs.: Os direitos fundamentais incidem sobre diversos tipos de relações jurídicas. Quanto à eficácia podem ser classificados da seguinte forma:

i) eficácia horizontal dos direitos fundamentais - relação entre particulares com mesmos poderes – ex.: relação contratual;
ii) eficácia vertical de direitos fundamentais - relação entre particular e Poder Público - ex.: relação entre Fisco e o contribuinte e;
iii) eficácia diagonal dos direitos fundamentais - particulares em situações desiguais – ex.: contrato de trabalho ou contrato de adesão entre fornecedor e consumidor.
Enfim, todas essas análises de incidência dos direitos fundamentais e a eventual violação deles são tuteladas pela ação de rito comum, bem como a violação dos direitos subjetivos da pessoa natural e da pessoa jurídica decorrente da lei ou da vontade das partes.

INCONSTITUCIONALIDADE: MATERIAL OU FORMAL – É apenas causa de pedir, mas nunca pedido. De outro modo, eventuais inconstitucionalidades serão alegadas apenas como mais um argumento (incidental), não sendo o objeto central.

TUTELA DE URGÊNCIA: art. 300 do CPC – requisitos: **probabilidade do direito e perigo de dano ou o risco ao resultado útil do processo**. Contra a decisão interlocutória que indeferir a tutela de urgência caberá Agravo de Instrumento (art. 1.015, I, do CPC).

TUTELA DE EVIDÊNCIA: requisito da probabilidade do direito, não sendo necessário perigo de dano nas hipóteses do art. 311 do CPC.

ÔNUS DA PROVA: art. 373, CPC.

AUTOR: fato constitutivo do direito;
RÉU: fatos impeditivos, modificativos e extintivos da pretensão do **AUTOR**
Obs.: Se a relação for de consumo, possível inversão do ônus da prova, no caso de hipossuficiência técnica (art. 6º, VIII, do CDC).

CITAÇÃO DOS RÉUS: 15 (quinze) dias a partir da juntada do mandado de citação ou AR (aviso de recebimento) no processo, ressalvado os casos de audiência de conciliação do art. 334 do CPC – os órgãos públicos possuem prazo em dobro – art. 183 do CPC.

OITIVA DO MEMBRO DO MINISTÉRIO PÚBLICO: será ouvido nos processos que envolverem interesse social, no interesse de incapaz e litígios coletivos pela posse de terra rural ou urbana (art. 178 do CPC).

SENTENÇA: tem a natureza em decorrência da natureza jurídica do pedido (**declaratória, condenatória, constitutiva, constitutiva negativa, mandamental, inibitória, mistas e inominadas**), sendo que da sentença (ato do juiz de primeiro grau) caberá apelação, com base no art. 1.010 do Código de Processo Civil.

O juiz pode reconhecer a inconstitucionalidade de forma incidental, como fundamento da decisão, mas não como objeto ou dispositivo da sentença, isto é, não pode juiz declarar a inconstitucionalidade de forma abstrata, mas apenas para o caso concreto (efeito entre as partes).

1.3.2. CONTESTAÇÃO

MEDIDA: CONTESTAÇÃO (art. 335 a 342 do CPC).
Trata-se de meio de defesa do réu para se opor à pretensão do autor aduzida na petição inicial.

HIPÓTESES DE CABIMENTO: Em qualquer processo de rito comum ou de ação especial em que houver a citação para apresentação de defesa.

PARTE: RÉU – Aquele que vai apresentar sua resistência às alegações do **AUTOR**.

PRAZO: 15 (quinze) dias da: 1) audiência de conciliação do art. 334 do CPC, quando essa restar infrutífera ou quando dispensada pelo juiz a audiência do art. 334 do CPC; 2) da juntada do aviso de recebimento ou mandado de citação nos autos (ex. no Juizado Especial Cível – o prazo se inicia da data da citação – Enunciado 13 do FONAJE).

OBJETO: Resistência – apresentar os fatos impeditivos, modificativos e extintivos da pretensão do autor (art. 373, II, do CPC). Basicamente, alega-se que o autor não possui o direito invocado, ou o réu não violou o direito do autor e que o direito do autor pereceu por alguma causa material ou processual (decadência, prescrição, perempção).

PRINCÍPIOS REGENTES:
IMPUGNAÇÃO ESPECÍFICA – o réu deve impugnar todas as alegações de fato e de direito, bem como as provas produzidas pelo autor, sob pena de serem reputadas como verdadeiras as alegações de fato (art. 341 do CPC).

EVENTUALIDADE: O réu deve prever as variáveis interpretativas, trazendo argumentos que vão da improcedência dos pedidos até a procedência parcial, bem como deve sempre trazer causas que impeçam a análise do mérito (art. 336 do CPC).

ESTRUTURA DA PEÇA:
1 – FATOS: BREVE RESUMO DO PROCESSADO; 2 – PRELIMINARES DE MÉRITO; 3 – MÉRITO e; 4 – REQUERIMENTO FINAL.
As preliminares de mérito impedem que o juízo análise o direito material invocado pela ausência dos pressupostos processuais. São subdividas em: **subjetivas:** Juiz e partes – investidura, capacidade de direito, capacidade de fato e capacidade postulatória e; **objetivas – objetivos extrínsecos negativos**: coisa julgada material, litispendência, perempção e convenção de arbitragem. **Objetivas intrínsecas:** pretensão/resistida ou potencial violação de direito, petição inicial apta, citação validade e regularidade formal – art. 337 do CPC; **Elementos da ação (partes, causa de pedir e pedido)** – art. 330 do CPC – inépcia da inicial (§1º do art. 330 do CPC).

MÉRITO: Nesse tópico se discute se o direito violado ou não, qual a interpretação correta do direito e se apresentam os fatos impeditivos, modificativos e extintivos da pretensão do autor (art. 373, II, do CPC).
Destaca-se que ocorrendo a inversão do ônus da prova (art. 6º, VIII, do CDC), caberá ao réu provar a inexistência do direito do autor, ou a impossibilidade material da violação.

REQUERIMENTO FINAL: Primeiramente, a extinção do processo sem julgamento do mérito e, superada tal linha argumentativa, a **improcedência** dos pedidos do autor.

A contestação poderá conter um capítulo de reconvenção (art. 343 do CPC), observando-se os requisitos da inicial (art. 319 do CPC), como causa de pedir, pedido e valor da causa (devem ser recolhidas as custas processuais sobre o valor do pedido da reconvenção).

1.3.3. APELAÇÃO

MEDIDA: RECURSO DE APELAÇÃO – art. 1.009 a 1.014 do Código de Processo Civil.

Trata-se de espécie recursal que impugna a sentença, para uma apreciação do processo por um órgão colegiado (Tribunal), para que seja proferida nova decisão (acórdão), para o fim de reformar ou anular a decisão.

HIPÓTESES DE CABIMENTO: De **sentença**, o recurso cabível é a apelação. Nos termos do §1º do art. 203 do Código de Processo Civil, a sentença é o ato ou pronunciamento juiz singular, de primeira instância, que põe fim à fase cognitiva do processo (com ou sem julgamento do mérito – artigos 485 e 487 do CPC), bem como extingue a execução.

LEGITIMADO ATIVO: APELANTE - quem foi sucumbente (teve decisão desfavorável ainda que parcialmente) ou terceiro interessado.

LEGITIMADO PASSIVO: APELADO - quem se beneficiou ainda que parcialmente pela sentença.

JUÍZO "A QUO": juízo que prolatou a decisão.

JUÍZO "AD QUEM": O Tribunal competente para análise da apelação (TJ ou TRF)

OBJETO: Dois provimentos: a) reforma ou b) anulação
REFORMA: é o caso mais comum. O requerimento de reforma se mostra adequado para sanar o vício da sentença do "error in iudicando" – erro de interpretação/aplicação do

direito pelo juiz. Nesse caso, o Tribunal substitui a sentença por um novo provimento, passando o acórdão a ser a decisão do processo;

ANULAÇÃO: o requerimento de anulação se mostra adequado para sanar vício do "error in procedendo" – erro de procedimento ou desobediência à forma processual. Nessa hipótese, o Tribunal anula a decisão e remete o processo para que o juízo "a quo" obedeça às regras processuais e prolate nova decisão.

REQUISTOS EXTRÍNSECOS: preparo (art. 1.007 do CPC) e tempestividade (prazo de 15 dias - §5º do art. 1.003 do CPC).

REQUISITOS INTRÍNSECOS: inconformismo (decisão desfavorável), cabimento (impugna sentença – art. 1.009 do CPC), pedido de nova decisão (provimento de reforma ou anulação da decisão), apontamento do direito violado (direito material ou direito processual).

ESTRUTURA DA PEÇA – Duas petições: art. 1.010 do CPC.
A) PEÇA DE INTERPOSIÇÃO – Dirigida ao juízo de primeiro grau, com a qualificação das partes e demonstração dos requisitos extrínsecos, bem como requerimento para que intimação da parte contrária para apresentação de contrarrazões em 15 dias (§2º, do art. 1.010); local, data e assinatura do advogado ou MP/Defensoria/Procuradoria.
B) PEÇA DE RAZÕES – Dirigida ao Tribunal de Justiça se a decisão foi da Justiça Comum Estadual e Tribunal Regional Federal se a decisão foi da Justiça Federal; exposição dos fatos e do direito (breve resumo do processado); as razões da reforma ou da anulação (decretação de nulidade), isto é, o apontamento do direito material ou processual violado;

requerimento final pedindo conhecimento e provimento, para o fim de (reformar – "error in iudicando" – ou anular – "error in procedendo") da sentença, com a consequente procedência ou improcedência do pedido (especificar o pedido objeto). Esse requerimento final é o pedido de nova decisão.

NÃO HÁ JUÍZO DE ADMISSIBILIDADE EM PRIMEIRO GRAU: Não há.
O CPC 2015 retirou tal poder dos juízos "a quo", conforme §3º, do artigo 1.010. A admissibilidade do recurso em relação aos seus requisitos extrínsecos é feita pelo Desembargador Relator (art. 1.011 do CPC)

EFEITOS: DEVOLUTIVO - regido pela máxima "*tantum appellatum quantum devolutum*". O efeito devolutivo da apelação é amplo, permitindo que o Tribunal analise toda matéria de fato quanto de direito (art. 1.013 do CPC) e;

EFEITO SUSPENSIVO – Os efeitos da sentença ficam suspensos até a decisão final do tribunal acerca da apelação, impedindo cumprimento provisório da sentença. A exceção está prevista no §1º, do art. 1012 do CPC, podendo ser concedido a pedido da parte e análise do Relator (§3º, do art. 1.012 do CPC).

1.3.4. AGRAVO DE INSTRUMENTO

MEDIDA: RECURSO DE AGRAVO DE INSTRUMENTO (art. 1.015 a 1.020 do Código de Processo Civil).
Trata-se de espécie recursal que impugna decisões interlocutórias, para uma apreciação do processo por um órgão colegiado (Tribunal), para que seja proferida nova decisão (acórdão), para o fim de reformar ou anular a decisão.

HIPÓTESES DE CABIMENTO: impugna decisões interlocutórias previstas no art. 1.015 do CPC. A princípio a doutrina entendia que se tratava de "numerus clausus" (rol taxativo) de decisões interlocutórias atacadas pelo agravo. Todavia, o Superior Tribunal de Justiça (STJ) fixou no tema **988 dos Recursos Repetitivos** a tese que *"O rol do art. 1.015 do CPC é de taxatividade mitigada, por isso admite a interposição de agravo de instrumento quando verificada a urgência decorrente da inutilidade do julgamento da questão no recurso de apelação".*
A hipótese mais comum em provas é a do inciso I, do art. 1015 do CPC – decisão que defere ou indefere a tutela provisória (tutela de urgência, evidência, liminar).

LEGITIMADO ATIVO: AGRAVANTE - quem teve uma decisão interlocutória desfavorável urgente.

LEGITIMADO PASSIVO: AGRAVADO - quem se beneficiou da decisão interlocutória

JUÍZO "A QUO": juízo que prolatou a decisão interlocutória.

JUÍZO "AD QUEM": O Tribunal competente para análise do agravo (TJ ou TRF)

OBJETO: Reforma ("error in iudicando" – erro de interpretação/aplicação do direito); **invalidação ou anulação** (error in procedendo ou erro de procedimento) da decisão interlocutória impugnada.

REQUISTOS EXTRÍNSECOS: preparo (1.007 c/c §1º do art. 1.017 do CPC) e tempestividade (prazo de 15 dias - §5º do art. 1.003 do CPC).

REQUISITOS INTRÍNSECOS: inconformismo (decisão desfavorável), cabimento (impugna decisão interlocutória – art. 1.015 do CPC), pedido de nova decisão (provimento de reforma da decisão), apontamento do direito violado (direito material ou direito processual).

ESTRUTURA DA PEÇA: uma peça dirigida, diretamente, ao tribunal denominada **MINUTA DE AGRAVO DE INSTRUMENTO**, conforme o padrão do art. 1.016: I) Qualificação das partes com a identificação do processo da decisão impugnada; II) Breve resumo do processado; III) Direito violado; IV) Razões de reforma ou invalidação da decisão; V) Pedido de reforma ou invalidação. V) Nome e endereço completo dos advogados constante no processo.

PEÇAS OBRIGATÓRIAS: art. 1.017 do CPC – I -cópias da petição inicial, da contestação, da petição que ensejou a decisão agravada, da própria decisão agravada, da certidão da respectiva intimação ou outro documento oficial que comprove a tempestividade e das procurações outorgadas aos advogados do agravante e do agravado; II – na sua inexistência declaração pelo advogado do agravante.

PEÇAS FACULTATIVAS: aquelas que o agravante reputar úteis.

PEÇA SERÁ ENDEREÇADA AO TRIBUNAL COMPETENTE: Art. 1017, §2º, I, do CPC - **PROCESSO ELETRÔNICO**: dispensada a juntada das peças obrigatórias e facultativas (art. 1017, §2º, do CPC).

CIÊNCIA AO JUÍZO "A QUO" – art. 1.018 do CPC - no prazo de 3 (três) dias se os autos não forem eletrônicos (§2º do art. 1.018 do CPC) e o seu descumprimento desde que arguido pelo Agravo pode implicar inadmissibilidade do Agravo (§3º do art. 1.018 do CPC).

JUÍZO DE RETRATAÇÃO: Até a decisão do Tribunal, o juiz poderá rever sua decisão, quando restará prejudicada análise do Agravo (§1º do art. 1.018 do CPC).

EFEITOS: DEVOLUTIVO RESTRITO: apenas ao ponto específico da decisão interlocutória impugnada.

TUTELA ANTECIPADA RECURSAL OU EFEITO SUSPENSIVO: art. 932, II c/c art. 1.019 do CPC – visa dar uma tutela provisória em sede recursal em decorrência da urgência da medida, preenchido os requisitos da probabilidade do direito e perigo de dano irreparável ou de difícil reparação, no prazo de 5 (cinco) dias.

O **AGRAVADO** será intimado para **CONTRAMINUTAR** o agravo de instrumento – prazo de 15 (quinze) dias – art. 1.019, inciso II, do CPC.

MINISTÉRIO PÚBLICO: O Ministério Público será intimado a se manifestar no prazo de 15 (quinze) dias, quando se tratar das hipóteses do art. 178 do CPC.

1.3.5. AGRAVO INTERNO

MEDIDA: AGRAVO INTERNO (art. 1.021 do Código de Processo Civil; art. 317 do Regimento interno do STF e art. 259 do Regimento interno do STJ).

HIPÓTESES DE CABIMENTO: Trata-se de remédio processual que impugna **decisões monocráticas** dos Tribunais.

Apesar do Código de Processo Civil fixar que cabe contra a decisão do relator, os regimentos internos dos Tribunais permitem a interposição deste recurso todas as vezes que houver decisão monocrática do Presidente do Tribunal, Presidente da Turma, Câmara, Seção, Corte Especial ou Plenário.

Cabe agravo interno também contra a decisão que **nega seguimento ao recurso extraordinário ou ao recurso especial**, cujo fundamento seja a declaração do STF sobre a ausência de repercussão geral, ou quando o acórdão impugnado esteja em conformidade com entendimento do STF ou do STJ em tema de recursos repetitivos e, também, no caso de sobrestamento do recurso por demanda que aguarda decisão no STF ou no STJ. (§2º do art. 1030 do CPC).

Da decisão sobre o requerimento de exclusão de sobrestamento, para inadmissão de Recurso Extraordinário ou Recurso Especial intempestivo cabe agravo interno (§7º do art. 1035 e §3º do art. 1036 do CPC).

Da decisão do relator que indefere a continuidade do processo, após o apontamento do "distinguishing" (distinção da matéria) sobre o recurso paradigma analisado pelo STJ e STF e o processo, cabe agravo interno (inciso II do §13° do art. 1.037 do CPC).

NÃO CABE AGRAVO INTERNO:
3 (TRÊS) HIPÓTESES: I) da decisão admite o "amicus curiae" (arts. 138 e 950, §3°, do CPC); **II)** da decisão que concede prazo suplementar para recolhimento do preparo em decorrência de impedimento (§6° do art. 1.007 do CPC); e **III)** decisão acerca da prejudicialidade do recurso extraordinário em relação ao recurso especial, bem como a rejeição dessa prejudicialidade pelo Supremo Tribunal Federal (art. 1.031, §§2° e 3°, do CPC).

LEGITIMADO ATIVO: AGRAVANTE – aquele que teve uma decisão monocrática desfavorável.

LEGITIMADO PASSIVO: AGRAVADO – aquele que se beneficiou da decisão monocrática.

OBJETO: Impugnação da decisão monocrática, para apreciação da decisão pelo órgão colegiado.
PRINCÍPIO DA DIALETICIDADE: impugnação específica de todos os pontos da decisão monocrática (art. 932, III e §1° do art. 1.021 do CPC).

REQUISTO EXTRÍNSECO: tempestividade (prazo de 15 dias – art. 1.070 c/c §5° do art. 1.003 do CPC); preparo (art. 1.007 do CPC) depende do regimento interno de cada Tribunal (p. ex., STF e STJ não possuem custas de Agravo Interno).

REQUISITOS INTRÍNSECOS: inconformismo, cabimento (decisão monocrática), impugnação das razões da decisão monocrática e pedido de nova decisão pelo órgão colegiado.

ESTRUTURA DA PEÇA É A MESMA DA APELAÇÃO – Duas peças: art. 1.021 DO CPC

A) PEÇA DE INTERPOSIÇÃO – dirigida ao Relator, ou quem proferiu a decisão monocrática impugnado, com pedido de retratação (§3º do art. 259 do RISTJ e §2º do art. 317 do RISTF). Pedido para o Relator ou Presidente abrir prazo para impugnação ao Agravo Interno em 15 (quinze) dias, a parte contrária. Caso não seja efetuada a retratação, a apresentação integral da peça, para julgamento do órgão colegiado.

B) PEÇA DE RAZÕES OU MINUTA – dirigida ao órgão colegiado competente para analisar o recurso (Câmara, Turma, Seção, Corte Especial, Órgão Especial ou Plenário do Tribunal), breve resumo do processado, impugnação específica da decisão monocrática (§1º do art. 1.021 do CPC e Súmula 182 do STJ), pedido de nova decisão pelo órgão colegiado.

EFEITOS: Possui apenas efeito devolutivo, não possuindo efeito suspensivo. Nesse caso, o recurso devolve para o órgão colegiado a análise da matéria objeto do recurso principal, isto é, o agravo interno permite que o órgão colegiado reveja, por inteiro, a decisão monocrática recorrida.

MULTA PROCESSUAL DE 1% A 5% DO VALOR ATUALIZADO DA CAUSA: quando o Agravo interno for considerado inadmissível ou for desprovido por unanimidade (§4º do art. 1.021 do CPC).

CONDICIONAMENTO DE INTERPOSIÇÃO DE QUALQUER RECURSO AO PAGAMENTO DA MULTA: §5º do art. 1021 do CPC - ressalvada a Fazenda Pública e o beneficiário da Justiça Gratuita que pagarão final do processo.

1.3.6. EMBARGOS DE DECLARAÇÃO

MEDIDA: ED - EMBARGOS DE DECLARAÇÃO (artigos 1.022 a 1.026 do Código de Processo Civil).

HIPÓTESES DE CABIMENTO: Toda e **qualquer** decisão judicial (interlocutória, final – sentença e acordão) é impugnada por Embargos de Declaração, desde que a decisão precise ser integrada para sanar os vícios da **omissão, contradição e obscuridade** ou, ainda, para corrigir **erro material** (art. 1.022 do Código de Processo Civil).

LEGITIMADO ATIVO: EMBARGANTE – aquele que, mesmo tendo sido favorável a decisão, pretende a integração.

LEGITIMADO PASSIVO: EMBARGADO - é a parte no processo que pode ter uma decisão desfavorável caso haja o acolhimento dos embargos de declaração.

OBJETIVOS: impugnar: a) a **omissão** que se evidencia pela ausência de manifestação expressa do juízo, relator ou presidente tribunal sobre tese sustentada pelas partes ou ainda questões de obrigação normativa (parágrafo único, do art. 1.022 do CPC c/c §1º, do art. 489 do CPC); b) **contradição** decisória, quando os fundamentos jurídicos e as provas são antinômicos ou incompatíveis com o resultado do dispositivo da decisão; c) **obscuridade** acerca do sentido e alcance da interpretação de um dispositivo normativo e o caso concreto, isto é, quando a operação da subsunção ou da ponderação foi imprecisa do ponto de vista da coerência normativa. d) **erro material** - erro que não acarreta nulidade do processo, mas apenas corrige valor, número ou uma descrição fática equivocada.

REQUISTOS EXTRÍNSECOS: tempestividade – 5 (cinco) dias após a publicação da decisão. O recurso não está sujeito ao preparo (art. 1.023 do CPC).

REQUISITOS INTRÍNSECOS: indicação de erro material, obscuridade, contradição ou omissão.

ESTRUTURA DA PEÇA: peça única dirigida ao órgão que prolatou a decisão impugnada; uso do verbo "opor" embargos de declaração;
I) Breve resumo do processado; II) Indicação do Erro Material, Omissão, Contradição e Obscuridade e; III) Requerimento de Integração da decisão.

MANIFESTAÇÃO DO EMBARGO: somente ocorrerá se houver a possibilidade da modificação da decisão, o juiz, relator ou tribunal intimará o embargado para se manifestar sobre os embargos de declaração (§2º, do art. 1.023 do Código de Processo Civil).

EFEITOS DO RECURSO: meramente devolutivo, não sendo possível efeito suspensivo. Devolve-se ao juiz, relator ou órgão colegiado a possibilidade de integração da decisão (art. 1.026 do Código de Processo Civil).

EFEITOS DA OPOSIÇÃO DO RECURSO: Interrupção dos prazos processuais (art. 1.026 do CPC e art. 50 da Lei n. 9.099/95).

EFEITO DA DECISÃO:
a) MERAMENTE INTEGRATIVO: <u>integração</u> da decisão para sanar omissão, contradição e **obscuridade para manter a decisão**, sendo feitos os esclarecimentos necessários, com a adoção da tese explícita dos fundamentos decisórios ou da intepretação dos argumentos, razões e provas do processo;
b) MODIFICATIVO: <u>integração</u> da decisão para sanar omissão, contradição e obscuridade **para modificar a decisão**, sendo que a integração pode mudar parcial ou totalmente o resultado da decisão.

NAS DECISÕES MONOCRÁTICAS DOS TRIBUNAIS: poderá ser conhecido como Agravo Interno (§3º, do art. 1.023 do CPC) se a finalidade for levar a questão ao órgão colegiado, desde que o embargante seja intimado no prazo de 5 (cinco) dias para complementar as razões do recurso.

PRAZO DECISÓRIO: para o juiz, são 5 (cinco) dias; nos Tribunais, na próxima sessão de julgamento (art. 1024 do CPC).

MODIFICADA A DECISÃO: caso o embargado tenha interposto outro recurso, terá direito de ratificá-lo ou complementar suas razões, no prazo de 15 (quinze) dias contas da intimação da decisão (§4º, do art. 1.024 do CPC). Caso não haja alteração da decisão, o recurso interposto será processo independentemente de ratificação (§5º, do art. 1.024 do CPC).

EMBARGOS DE PREQUESTIONAMENTO: art. 1.025 do CPC – consideram-se incluídos no acórdão, os elementos que o embargante suscitou para fins de prequestionamento, ainda que os embargos sejam inadmitidos ou rejeitados, desde que o Tribunal Superior (STF e STJ) entenda que a decisão possuía omissão, obscuridade e contradição.

1.3.7. RECURSO ORDINÁRIO CONSTITUCIONAL

MEDIDA: RECURSO ORDINÁRIO CONSTITUCIONAL (art. 102, II, e art. 105, II, ambos da Constituição Federal e artigos 1.027 e 1.028 do CPC).

HIPÓTESES DE CABIMENTO: impugna acórdão de decisões originárias dos tribunais nas ações estabelecidas pelo texto constitucional.

<u>Esse recurso é de competência do STF</u> - no caso da impugnação recursal tiver por objeto as decisões tomadas pelos Tribunais Superiores em única instância em sede *habeas corpus, mandado de segurança, habeas data e mandado de injunção,* se denegatória decisão (art. 102, II, "a", da CF) ou, de sentenças em crimes políticos, caso em que se salta da primeira instância da Justiça Federal (art. 109, IV, da CF) direto para o Supremo Tribunal Federal. (art. 102, II, "b", da CF).

<u>Esse recurso é de competência do STJ</u> –, no caso da impugnação recursal tiver por objeto as decisões tomadas pelos Tribunais Regionais Federais ou Tribunais de Justiça do Estado ou Distrito Federal em única instância em sede *habeas corpus, mandado de segurança,* se denegatória decisão (art. 105, II, "a" e "b" da CF). É admitido, ainda, nos processos em que litigarem como partes opostas, Estado estrangeiro ou organismo internacional e município ou pessoa residente ou domiciliada no país, caso em que há um salto da primeira instância da Justiça Federal (art. 109, II, da CF) para o Superior Tribunal de Justiça (art. 105, II, "c", da CF).

LEGITIMADO ATIVO: RECORRENTE - quem foi sucumbente (teve decisão desfavorável ainda que parcialmente) ou terceiro interessado.

LEGITIMADO PASSIVO: RECORRIDO - quem se beneficiou ainda que parcialmente do acórdão.

TRIBUNAL "A QUO": juízo que prolatou a decisão.

TRIBUNAL "AD QUEM": O Tribunal competente para análise do ROC (STF ou STJ)

OBJETO: Dois provimentos: a) reforma; b) anulação.
REFORMA: é o caso mais comum. O requerimento de reforma se mostra adequado para sanar o vício da sentença do "error in iudicando" – erro de interpretação/aplicação do direito pelo juiz. Nesse caso, o Tribunal substitui a sentença por um novo provimento, passando o acórdão a ser a decisão do processo;

ANULAÇÃO: o requerimento de anulação se mostra adequado para sanar vício do "error in procedendo" – erro de procedimento ou desobediência à forma processual. Nessa hipótese, o Tribunal anula a decisão e remete o processo para que o juízo obedeça às regras processuais e prolate nova decisão.

REQUISTOS EXTRÍNSECOS: preparo (1.007 do CPC) e tempestividade (prazo de 15 dias - §5º do art. 1.003 do CPC).

REQUISITOS INTRÍNSECOS: inconformismo (decisão desfavorável), cabimento (impugna de acórdão das decisões objeto do ROC), pedido de nova decisão (provimento de reforma ou anulação da decisão), apontamento do direito violado (direito material ou direito processual).

ESTRUTURA DA PEÇA – IDÊNTICA DA APELAÇÃO – Duas peças: art. 1.028, §§2º e 3º do CPC.
A) PEÇA DE INTERPOSIÇÃO – Dirigida ao Tribunal que prolatou a decisão, com a qualificação das partes e demonstração dos requisitos extrínsecos, bem como requerimento para que intimação da parte contrária para apresentação de contrarrazões em 15 dias; local, data e assinatura do advogado ou MP/Defensoria/Procuradoria;
B) PEÇA DE RAZÕES – Dirigida ao STF ou ao STJ, conforme as regras de competência; Exposição dos fatos e do direito (Breve resumo do processado); As razões da reforma ou da anulação (decretação de nulidade), isto é, o apontamento do direito material ou processual violado; Requerimento final pedindo conhecimento e provimento, para o fim de (reformar – "error in iudicando" – ou anular – "error in procedendo") do acórdão impugnado, com a consequente procedência ou improcedência do pedido (especificar o pedido objeto). Esse requerimento final é o pedido de nova decisão.

NÃO HÁ JUÍZO DE ADMISSIBILIDADE DO TRIBUNAL "A QUO": (art. 1.028 "caput" c/c art. 1.011 do CPC).

EFEITOS:
DEVOLUTIVO - regido pela máxima *"tantum appellatum quantum devolutum"*. O efeito devolutivo do ROC, como na apelação é amplo, permitindo que o Tribunal analise toda matéria de fato quanto de direito (art. 1.013 do CPC); **EFEITO SUSPENSIVO** – Em regra não há efeito suspensivo, podendo

ser pleiteado pela parte diretamente ao Tribunal "ad quem", como no caso da apelação sem efeito suspensivo §3º do art. 1012 do CPC c/c art. 932, II, do CPC.

MINISTÉRIO PÚBLICO: o Ministério Público se manifesta nos processos dos remédios constitucionais e interesse social que não for parte (art. 178, I, do CPC, art. 12 da Lei n. 12.016/2009, art. 12 da Lei n. 9.507/97 e art. 7º da Lei n. 13.300/2016).

1.3.8. RECURSO ESPECIAL

MEDIDA: REsp - RECURSO ESPECIAL (art. 105, III, da Constituição Federal e art. 1.029 e seguintes do CPC).

HIPÓTESES DE CABIMENTO: Trata-se de recurso excepcional que impugna acórdão de apelação, acórdão de decisão originária do Tribunal de Justiça e dos Tribunais Regionais Federais, em sede de ação rescisória ou "habeas corpus" e mandado de segurança quando concedida a ordem e a segurança, respectivamente, em **3 (três) hipóteses**: **a)** contrariar tratado ou lei federal ou negar-lhe vigência; **b)** julgar ato de governo locado contestado em face de lei federal; **c)** dissídio jurisprudencial entre Tribunais de Justiça e Tribunais Regionais Federais entre si.

LEGITIMADO ATIVO: RECORRENTE - quem foi sucumbente (teve decisão desfavorável ainda que parcialmente) ou terceiro interessado.

LEGITIMADO PASSIVO: RECORRIDO - quem se beneficiou ainda que parcialmente do acórdão.

TRIBUNAL "A QUO": Tribunal que proferiu o acórdão impugnado.

TRIBUNAL "AD QUEM": Superior Tribunal de Justiça.

OBJETO: Dois provimentos: a) reforma; b) anulação.

REFORMA: é o caso mais comum. O requerimento de reforma se mostra adequado para sanar o vício da sentença do "error in iudicando" – erro de interpretação/aplicação do direito pelo juiz. Nesse caso, o Tribunal substitui o acórdão por um novo provimento, passando o acórdão a ser a decisão do processo;

ANULAÇÃO: o requerimento de anulação se mostra adequado para sanar vício do "error in procedendo" – erro de procedimento ou desobediência à forma processual. Nessa hipótese, o Tribunal anula a decisão e remete o processo para que o juízo obedeça às regras processuais e prolate nova decisão.

REQUISTOS EXTRÍNSECOS: preparo (art. 1.007 do CPC) e tempestividade (prazo de 15 dias - §5º do art. 1.003 do CPC).

REQUISITOS INTRÍNSECOS: inconformismo (decisão desfavorável), cabimento (art. 105, III, da CF) com não veiculação de reanálise de provas ou matéria fática (Súmula 7 do STJ), prequestionamento (Súmulas 98, 211, 320 do STJ), relevância da questão de direito federal (art. 105, §§ 2º e 3º, CF) razões da reforma ou anulação da decisão e pedido de nova decisão, demonstração do equívoco interpretativo e necessidade da aplicação adequada da legislação federal.

ESTRUTURA DA PEÇA É A MESMA DA APELAÇÃO – Duas peças: art. 1.029 do CPC.

A) PEÇA DE INTERPOSIÇÃO – Dirigida ao Presidente do Tribunal que prolatou o acórdão impugnado, com a qualificação das partes e demonstração dos requisitos extrínsecos e intrínsecos, bem como requerimento para que intimação da parte contrária para apresentação de contrarrazões em 15 dias (art. 1.030, "caput" do CPC); local, data e assinatura do advogado.

B) PEÇA DE RAZÕES – dirigida ao STJ; exposição dos fatos (breve resumo do processado); demonstração dos requisitos extrínsecos (tempestividade e preparo) e intrínsecos (cabimento, prequestionamento, relevância da questão de direito federal e o direito violado); razões da reforma ou anulação de decisão; requerimento final com pedido de nova decisão.

*QUANDO O OBJETO DO RECURSO SE BASEAR EM DISSÍDIO JURISPRUDENCIAL, devendo apresentar o julgado paradigma e aquele que interpreta de forma diversa e o Recorrente deve fazer o cotejo analítico (art. 1.029, §1º, do CPC c/c art. 255 do RISTJ). **Nos termos da Súmula 13 do STJ é hipótese de dissídio jurisprudencial impugnável via RESP aquele realizado dentro do mesmo Tribunal.**

<u>HÁ</u> **JUÍZO DE ADMISSIBILIDADE DO TRIBUNAL "A QUO":** art. 1.030, I, V, do CPC – sendo que caberá agravo se inadmitido o Recurso (art. 1.042 do CPC). Caso tenha sido admitido, o Recurso seguirá para o STJ que julgará a questão (art. 1.034 do CPC).

EXCEÇÃO DA REGRA DA UNIRRECORRIBILIDADE: Tanto o recurso especial quanto o recurso extraordinário poderão ser interpostos contra a <u>mesma</u> <u>decisão</u> (acórdão).

Se ambos forem interpostos, analisa-se primeiro o recurso especial e depois o recurso extraordinário (art. 1.031, §1º, do CPC).

EFEITOS:
DEVOLUTIVO RESTRITO – analisa-se unicamente **matéria de direito** ("quaestio iuris") – A súmula 7 do STJ veda o reexame de provas;

EFEITO SUSPENSIVO – Em regra não há efeito suspensivo, podendo ser pleiteado pela parte tanto ao tribunal "a quo" até a decisão do juízo de admissibilidade e/ou diretamente ao tribunal "ad quem" após a decisão da admissão – §5º do art. 1.029 do CPC, sendo que a partir da cessação da competência do tribunal "a quo", o Superior Tribunal de Justiça precisará se manifestar sobre tal requerimento, para que seja revalidado o efeito suspensivo.

MINISTÉRIO PÚBLICO: o Ministério Público se manifesta nas ações de interesse social que não for parte (art. 178, do CPC) e nos processos dos remédios constitucionais art. 12 da Lei n. 12.016/2009, art. 12 da Lei n. 9.507/97, art. 7º da Lei n. 13.300/2016, §4º do art. 6 da Lei n. 4.717/65 e art. 5º, §1º, da Lei n. 7.347/85.

1.3.9. RECURSO EXTRAORDINÁRIO

MEDIDA: RE - RECURSO EXTRAORDINÁRIO (art. 102, III, da Constituição Federal, art. 1.029 e seguintes do CPC e art. 321 e seguintes do RISTF).

HIPÓTESES DE CABIMENTO: Trata-se de recurso excepcional que impugna acórdão de apelação, acórdão de decisão originária do Tribunal de Justiça e dos Tribunais Regionais Federais, em sede de ação rescisória ou "habeas corpus", mandado de segurança, mandado de injunção e "habeas data" quando concedida a ordem e a segurança, respectivamente, em **4 (quatro) hipóteses**: **a)** dispositivo da Constituição Federal; **b)** declarar inconstitucionalidade de tratado ou lei federal; **c)** julgar válida lei ou ato de governo local contestado em face da Constituição Federal e; **d)** julgar válida lei local contestada em face de lei federal.

LEGITIMADO ATIVO: RECORRENTE - quem foi sucumbente (teve decisão desfavorável ainda que parcialmente) ou terceiro interessado.

LEGITIMADO PASSIVO: RECORRIDO - quem se beneficiou ainda que parcialmente do acórdão.

TRIBUNAL "A QUO": Tribunal que proferiu o acórdão impugnado

TRIBUNAL "AD QUEM": Supremo Tribunal Federal.

OBJETO: Dois provimentos: a) reforma; b) anulação.

REFORMA: é o caso mais comum. O requerimento de reforma se mostra adequado para sanar o vício da sentença do "error in iudicando" – erro de interpretação/aplicação do direito pelo juiz. Nesse caso, o Tribunal substitui o acórdão por um novo provimento, passando o acórdão a ser a decisão do processo;

ANULAÇÃO: o requerimento de anulação se mostra adequado para sanar vício do "error in procedendo" – erro de procedimento ou desobediência à forma processual. Nessa hipótese, o Tribunal anula a decisão e remete o processo para que o juízo obedeça às regras processuais e prolate nova decisão.

REQUISTOS EXTRÍNSECOS: preparo (art. 1.007 do CPC) e tempestividade (prazo de 15 dias - §5º do art. 1.003 do CPC).

REQUISITOS INTRÍNSECOS: inconformismo (decisão desfavorável), cabimento (art. 102, III, da CF) desde que não tenha por objeto reexame de provas (Súmula 279 do STF), Prequestionamento (Súmulas 282 e 356 do STF), Repercussão Geral (art. 102, §3º, da CF c/c art. 1.035, §1º, do CPC) Razões da reforma ou anulação da decisão e pedido de nova decisão.

REPERCUSSÃO GERAL: será considerada a existência ou não de questões relevantes do ponto de vista econômico, político, social ou jurídico que ultrapassem os interesses subjetivos do processo. (§1º do art. 1035 do CPC).

ESTRUTURA DA PEÇA É A MESMA DA APELAÇÃO – Duas peças: art. 1.029 do CPC.

A) PEÇA DE INTERPOSIÇÃO: dirigida ao Presidente do Tribunal que prolatou o acórdão impugnado, com a qualificação das partes e demonstração dos requisitos extrínsecos e intrínsecos, bem como requerimento para que intimação da parte contrária para apresentação de contrarrazões em 15 dias (art. 1.030, "caput" do CPC); local, data e assinatura do advogado.

B) PEÇA DE RAZÕES: dirigida ao STF; exposição dos fatos (breve resumo do processado); demonstração dos Requisitos extrínsecos (tempestividade e preparo) e intrínsecos (cabimento, prequestionamento, repercussão geral e direito violado); Razões da reforma ou anulação de decisão; requerimento final com pedido de nova decisão.

HÁ JUÍZO DE ADMISSIBILIDADE DO TRIBUNAL "A QUO" – art. 1.030, I, V, do CPC – sendo que caberá agravo se inadmitido o recurso (art. 1.042 do CPC). Caso tenha sido admitido, o recurso seguirá para o STF que julgará a questão (art. 1.034 do CPC).

EXCEÇÃO DA REGRA DA UNIRRECORRIBILIDADE: Tanto o recurso especial quanto o recurso extraordinário poderão ser interpostos contra a mesma decisão (acórdão).
Se ambos forem interpostos, analisa-se primeiro o recurso especial e depois o recurso extraordinário (art. 1.031, §1º, do CPC).

EFEITOS:

DEVOLUTIVO RESTRITO - Se analisa <u>unicamente</u> **matéria de direito** ("quaestio iuris") – Súmula 279 do STF veda o reexame de provas;

EFEITO SUSPENSIVO – Em regra não há efeito suspensivo (§4º do art. 321 do RISTF), podendo ser pleiteado pela parte tanto ao tribunal "a quo" até a decisão do juízo de admissibilidade e/ou diretamente ao tribunal "ad quem" após a decisão da admissão – §5º do art. 1.029 do CPC -, sendo que, a partir da cessão da competência do tribunal a quo, o Supremo Tribunal Federal precisará se manifestar sobre tal requerimento, para que seja revalidado o efeito suspensivo.

MINISTÉRIO PÚBLICO: no STF, é o **Procurador-Geral da República** que se manifesta nos processos de competência daquela corte (art. 103, §1º, da Constituição Federal).

1.3.10. AGRAVO EM RECURSO EXTRAORDINÁRIO E EM RECURSO ESPECIAL

MEDIDA: ARE OU ARESP - AGRAVO EM RECURSO ESPECIAL E EM RECURSO EXTRAORDINÁRIO (art. 1.042 do Código de Processo Civil).

HIPÓTESES DE CABIMENTO: Trata-se de remédio processual que impugna a decisão que inadmite recurso especial e recurso extraordinário, objeto do primeiro juízo da admissibilidade (art. 1.030 do CPC) feito pelo Tribunal "a quo" nos recursos excepcionais, ressalvada a hipótese de o STF já haver decidido sobre a existência ou não de repercussão geral sobre a matéria ou STJ já haver fixado tese em sede Recurso Repetitivo.

LEGITIMADO ATIVO: AGRAVANTE – é recorrente que teve seu recurso especial ou extraordinário inadmitido pelo Tribunal "a quo".

LEGITIMADO PASSIVO: AGRAVADO – é o recorrido que se beneficiou da inadmissão do recurso especial ou extraordinário do recorrente.

TRIBUNAL "A QUO": Tribunal que proferiu a decisão de inadmissão.

TRIBUNAL "AD QUEM": STF (RE) ou STJ (RESP).

OBJETO: Impugnação da decisão de inadmissão, para o fim de obter Conhecimento do Recurso Especial ou Extraordinário pelo Tribunal "ad quem". "error in iudicando" – pedido de reforma da decisão que inadmitiu o RE ou RESP, permitindo seu conhecimento pelo Tribunal "ad quem".

REQUISTO EXTRÍNSECO: tempestividade (prazo de 15 dias - §5º do art. 1.003 do CPC): Não há custas ou preparo (§2º do art. 1042 do CPC).

REQUISITOS INTRÍNSECOS: inconformismo (decisão desfavorável), cabimento (inadmissão do RESP ou RE), impugnação integral da decisão que Inadmitiu (REsp 701.404 e REsp 1.294.103) demonstrando o preenchimento dos requisitos intrínsecos e extrínsecos do RE ou RESP que o Tribunal "a quo" não reconheceu, não bastando a reprodução das alegações feitas no RE ou RESP e pedido de nova decisão para conhecer e dar provimento ao requerimento de reforma da decisão que o inadmitiu.

ESTRUTURA DA PEÇA É A MESMA DA APELAÇÃO – Duas peças: art. 1.042, §2º do CPC.

A) PEÇA DE INTERPOSIÇÃO – Dirigida ao Presidente do Tribunal que prolatou a decisão de inadmissão do RE ou RESP, pedindo a intimação da parte contrária (§3º, do art. 1.042 do CPC) para contraminutar ou impugnar o agravo em 15 (quinze) dias. A remessa da minuta para o Tribunal "ad quem" (STF ou STJ). Eventual pedido do exercício do juízo de retratação pelo Tribunal "a quo", caso o STF já tenha fixado repercussão geral sobre a matéria e o STJ tema de recurso repetitivo descumprida pela decisão impugnada. Caso não seja feito o juízo de retratação, a remessa da minuta ao Tribunal "ad quem" (§4º do art. 1.042 do CPC).

B) PEÇA DE RAZÕES: breve resumo do processado; impugnação da decisão que inadmitiu o RE ou RESP enfrentando as razões expostas pelo Tribunal "a quo", não se limitando a reproduzir o que já fora dito no recurso originário (REsp 701.404 e REsp 1.294.103), pedido de nova decisão para conhecimento e provimento do agravo e o consequente conhecimento do RE ou RESP.

DUPLA INTERPOSIÇÃO – DUPLA INADMISSÃO: deve ser interposto um agravo para cada recurso inadmitido (§6º, do art. 1.042 do CPC), sendo primeiro encaminhado o processo ao STJ (§7º do art. 1.042 c/c art. 1.031 do CPC) e depois ao STF (§8º do art. 1.042 do CPC c/c §1º do art. 1031 do CPC).

EFEITOS:

DEVOLUTIVO RESTRITO - devolve para o STF ou STJ a análise da decisão que inadmitiu o RE ou RESP;

EFEITO SUSPENSIVO – em regra não há efeito suspensivo, visto que visa apenas o conhecimento do RE ou RESP e não um direito propriamente dito. Assim, caso haja pedido de efeito suspensivo esse deverá ser feito no processo principal.

MINISTÉRIO PÚBLICO: no STF, é o **Procurador-Geral da República** que se manifesta nos processos de competência daquela corte (art. 103, §1º, da Constituição Federal). No STJ, o Ministério Público se manifesta se for caso de remédios constitucionais ou processos estabelecidos no art. 178 do CPC.

1.3.11. EMBARGOS DE DIVERGÊNCIA

MEDIDA: EMBARGOS DE DIVERGÊNCIA (art. 1.043 do Código de Processo Civil; art. 330 do RISTF e art. 266 do RISTJ).

HIPÓTESES DE CABIMENTO: Trata-se do recurso que impugna decisão do órgão fracionário do STF ou do STJ que adota **posição diversa** daquela já adotada de outro **órgão fracionário,** da Seção, Corte Especial ou Plenário, dentro do mesmo Tribunal, em sede de Recurso Extraordinário ou Recurso Especial, para **estabilização e homogeneização da jurisprudência** dos Tribunais Superiores, cotejando o acórdão da posição adotada pela Corte (acórdão paradigma) e a nova decisão que diverge dessa posição (acórdão impugnado). Será cabível em **duas hipóteses**: a) entre dois acórdãos de órgãos fracionários que julgaram o mérito do recurso; b) entre um acórdão que julgou o mérito e outro que não tenha conhecido o recurso, embora tenha apreciado a controvérsia.

ACÓRDÃO PARADIGMA: pode ser objeto de Recurso ou ação de competência originária (§1º do art. 1.043 do CPC).

DIVERGÊNCIA: direito processual ou material (§2º do art. 1.043 do CPC)

LEGITIMADO ATIVO: EMBARGANTE – aquele que teve a decisão desfavorável.

LEGITIMADO PASSIVO: EMBARGADO – aquele que se beneficiou da decisão impugnada.

OBJETO: O objetivo é a **pacificação** da **interpretação** do **direito no STF e no STJ** acerca da interpretação da Constituição e da legislação federal, permitindo cumprir dentro da maior medida o princípio da segurança jurídica, com o estabelecimento de uma visão corte. Já o seu objetivo é impugnar o "error in iudicando" (erro de interpretação do direito processual ou material), pois quando há duas decisões incompatíveis entre si, apenas uma delas deve ser válida, a qual deverá ser objeto de apreciação do Tribunal para que fixação de uma posição única.

REQUISTO EXTRÍNSECO: tempestividade (prazo de 15 dias - §5º do art. 1.003 do CPC) e preparo recursal (art. 1.007 do CPC).

REQUISITOS INTRÍNSECOS: inconformismo, cabimento (divergência entre órgãos fracionários), demonstração da divergência e cotejo analítico, pedido de nova decisão para consolidação da interpretação e garantia do direito violado.

COMPETÊNCIA: STF – das decisões das divergentes Turmas – caberá Embargos de Divergência para o Plenário (parágrafo único do art. 336 do RISTF); **STJ** – das decisões divergentes entre turmas da mesma Seção Especializada caberá embargos para Seção Especializada que essas integram (art. 12, parágrafo único, inciso I, do RISTJ); das decisões divergentes entre Turmas de Seções diversas, entre Seções, entre Turma e Seção que essa não integre, entre turma e seção com a própria Corte Especial – Caberá Embargos de Divergência para Corte Especial (inciso XIII, do art. 11 do RISTJ).

**ESTRUTURA DA PEÇA É A MESMA DA APELAÇÃO –
Duas peças**: art. 1.043 do CPC.

A) PEÇA DE INTERPOSIÇÃO – dirigida ao Presidente do Tribunal com a qualificação das partes, cumprimento da tempestividade e custas. Admitido abrir-se-á para impugnação ou contrarrazões de Embargos de Divergência no prazo de 15 (quinze) dias (art. 267 do RISTJ e art. 335 do RISTF);

B) PEÇA DE RAZÕES– para órgão competente (Plenário, Seção ou Corte Especial do tribunal), breve resumo do processado, requisitos extrínsecos (tempestividade e preparo), divergência e o cotejo analítico das teses diversas; reforma da decisão impugnada e estabelecimento do sentido da jurisprudência, requerimento final.

EFEITOS: Possui apenas efeito devolutivo, devendo para o Tribunal analisar a questão. Podendo ser feito pedido de efeito suspensivo ou de tutela provisória recursal (art. 932, II, do CPC), embora a última seja pouco admitida na prática.

INDEFERIMENTO LIMINAR: no caso de intempestividade ou se não comprovada ou não configurada a divergência jurisprudencial atual, ou negar-lhe provimento caso a tese deduzida no recurso seja contrária à fixada em julgamento de recurso repetitivo ou de repercussão geral, a entendimento firmado em incidente de assunção de competência, a súmula do Supremo Tribunal Federal ou do Superior Tribunal de Justiça ou, ainda, a jurisprudência dominante acerca do tema.

INTERPOSIÇÃO DOS EMBARGOS DE DIVERGÊNCIA – INTERROMPEM O PRAZO PARA INTERPOSIÇÃO DE RECURSO EXTRAORDINÁRIO – art. 1.044, §1º, do CPC.
Caso os Embargos de Divergência sejam desprovidos ou não alterem o julgado, o Recurso Extraordinário interposto pela outra parte será processado e julgado independente de ratificação (§2º, do art. 1.044 do CPC).

MINISTÉRIO PÚBLICO: O **Procurador-Geral da República** se manifesta nos processos no STF (art. 103, §1º, da CF). No STJ, manifestar-se-á se for um dos processos de sua competência (art. 178 do CPC) ou remédios constitucionais.

1.3.12. DEFESAS RECURSAIS

MEDIDA: CONTRARRAZÕES DE RECURSOS, CONTRAMINUTA DE AGRAVO E IMPUGNAÇÃO AOS EMBARGOS DE DECLARAÇÃO - Apelação (art. 1.010, §1º, do CPC), Agravo de Instrumento (1.019, inciso II, do CPC), Agravo Interno (Art. 1.021, §2º, do CPC), Embargos de Declaração (art. 1.023, §5º) ROC (art. 1.028, §2º, do CPC), RE e RESP (art. 1.030, "caput", do CPC), Agravo em Recurso Especial e Recurso Extraordinário (art. 1.042, §3º, do CPC), Embargos de Divergência (art. 267 do RISTJ e art. 335 do RISTF).

HIPÓTESES DE CABIMENTO: Todas as vezes que houver a interposição de um recurso, surgirá o exercício da ampla defesa ou do contraditório recursal (art. 5º, LV, da Constituição Federal), por meio da peça de <u>contrarrazões</u>, <u>contraminuta</u> e <u>impugnação</u> recursal.

SUJEITO PROCESSUAL: APELADO, AGRAVADO, RECORRIDO, EMBARGADO.

JUÍZO/TRIBUNAL "A QUO": órgão que prolatou a decisão.

JUÍZO/TRIBUNAL "AD QUEM": o Tribunal competente para análise do Recurso.

OBJETO: Manutenção da decisão impugnada, aduzindo que a decisão não se encontra eivada pelos vícios de "error in iudicando" (erro de interpretação na aplicação do direito) ou "error in procedendo" (erro de aplicação do direito processual ou do rito adequado), ou seja, a alegação deverá ser no sentido da manutenção da decisão impugnada por sua conformidade com o direito vigente.

No caso dos recursos excepcionais (RE e RESP), sempre importante destacar que o recurso não preenche o requisito do cabimento quando: (i) o recorrente pretende revisão de prova (Súmula 7 do STJ e Súmula 279 do STF), (ii) a matéria não foi prequestionada (Súmulas 282 e 356 do STF e 98, 211 e 320 do STJ), (iii) não for demonstrada a repercussão geral (art. 102, §3º da CF c/c §1º, do art. 1.035 do CPC). Nestes casos, haverá a inadmissão pelo tribunal "a quo" e o não conhecimento do recurso pelo Tribunal "ad quem".

Nos **Embargos de Divergência**, por sua vez, a inadmissão fica por conta da ausência do cotejo analítico e da falta de divergência interpretativa.

REQUISTOS EXTRÍNSECOS: tempestividade – prazo legal de 15 (quinze) dias, ressalvada a impugnação dos Embargos de Declaração, que são feitas em 5 (cinco) dias – (art. 1.023, §5º, do CPC).

REQUISITOS INTRÍNSECOS: impugnação específica do recurso e requerimento de não conhecimento do recurso, caso não estejam preenchidos os requisitos extrínsecos e desprovimento caso seja conhecido.

ESTRUTURA DA PEÇA – é a mesma do recurso

i) NO AGRAVO DE INSTRUMENTO (CONTRAMINUTA DE AGRAVO DE INSTRUMENTO) E NOS EMBARGOS DE DECLARAÇÃO (IMPUGNAÇÃO AOS EMBARGOS DE DECLARAÇÃO): será peça única dirigida ao órgão que intimou o agravado ou embargante a se manifestar – juiz, desembargador relator, ministro relator, presidente do tribunal – com breve resumo do processado, razões da manutenção da decisão e requerimento final pedindo o desprovimento do recurso.

ii) NAS CONTRARRAZÕES DE APELAÇÃO, RECURSO ORDINÁRIO CONSTITUCIONAL, RECURSO ESPECIAL, EXTRAORDINÁRIO E DE EMBARGOS DE DIVERGÊNCIA, NA CONTRAMINUTA DE AGRAVO INTERNO, AGRAVO EM RECURSO ESPECIAL OU RECURSO EXTRAORDINÁRIO (OU IMPUGNAÇÃO): haverá <u>duas</u> <u>peças</u>:

A) INTERPOSIÇÃO - para o órgão que intimou o recorrido a apresentar as contrarrazões ou a contraminuta ou impugnação (agravo interno, agravo em recurso especial ou recurso extraordinário) e;

B) CONTRARRAZÕES - para o tribunal competente para julgar o recurso, com breve resumo do processado e as razões da manutenção da decisão impugnada, requerimento de desprovimento do recurso ao final.

HONORÁRIOS RECURSAIS: é possível requerer a majoração dos nos honorários advocatícios em decorrência da manutenção da decisão impugnada, nos termos do §11 do artigo 85 do Código de Processo Civil.

1.3.13. AÇÃO RESCISÓRIA

MEDIDA: AÇÃO RESCISÓRIA (art. 966 do Código de Processo Civil).

HIPÓTESES DE CABIMENTO: A **decisão transitada em julgado** (bem jurídico coisa julgada material art. 5º, XXVI, da CF c/c art. 6º, §3º da LINDB) poderá ser **relativizada em 8 (oito) hipóteses previstas** no art. 966 do Código de Processo Civil: I - se verificar que foi proferida por força de prevaricação, concussão ou corrupção do juiz; II - for proferida por juiz impedido ou por juízo absolutamente incompetente; III - resultar de dolo ou coação da parte vencedora em detrimento da parte vencida ou, ainda, de simulação ou colusão entre as partes, a fim de fraudar a lei; IV - ofender a coisa julgada; V - violar manifestamente norma jurídica; VI - for fundada em prova cuja falsidade tenha sido apurada em processo criminal ou venha a ser demonstrada na própria ação rescisória; VII - obtiver o autor, posteriormente ao trânsito em julgado, prova nova cuja existência ignorava ou de que não pôde fazer uso, capaz, por si só, de lhe assegurar pronunciamento favorável; VIII - for fundada em erro de fato verificável do exame dos autos.

PRAZO DECADENCIAL: 2 (dois) anos do trânsito em julgado da última decisão do processo (art. 975 do CPC), nos casos de simulação ou colusão das partes, o referido prazo para o Ministério Público e para terceiro prejudicado, do dia que não interveio no processo, a partir do momento em que tem ciência da simulação ou colusão, ressalvada a hipótese de prova nova, quando esse prazo será de 5 (cinco) anos da decisão.

LEGITIMADO ATIVO: AUTOR – quem foi parte no processo, seus sucessores a título singular ou universal, terceiro interessado, o Ministério Público (art. 967 c/c art. 178 do CPC) e aquele deveria ser obrigatoriamente ouvido no processo, quando a intervenção era obrigatória.

LEGITIMADO PASSIVO: RÉU – pessoa natural ou jurídica que se beneficiou da coisa julgada material.

COMPETÊNCIA DO TRIBUNAL QUE PROLATOU A ÚLTIMA DECISÃO DE MÉRITO: §§5º e 6º do art. 968 do CPC – TJ ou TRF em geral. Alerta-se que os Tribunais de sobreposição serão competentes caso tenham se manifestado (STF – art. 102, I, j, da CF e STJ – art. 105, I, "e", da CF).

OBJETO: rescindir a última decisão do processo, relativizando a coisa julgada material, para que seja possível nova decisão acerca de uma parte (§3º do art. 966 do CPC) ou de toda a decisão impugnada.

De atos de composição ou acordo cabe ação anulatória, NÃO ação rescisória (art. 966, §4º, do CPC).

No caso de violação da norma jurídica (inciso V) cabe ação rescisória, quando a decisão baseada em Súmula ou Acórdão de Recurso Repetitivo, a qual não tenha considerado a distinção ("distinguishing") entre o objeto do processo e o padrão decisório que lhe deu fundamento. Nessa hipótese, caberá ao Autor da Ação rescisória demonstrar a distinção ("distinguishing") entre o caso concreto e o fundamento da decisão sob pena de inépcia (§6º do art. 966 do CPC).

PETIÇÃO INICIAL: padrão do art. 319 do CPC, devendo cumular com as especificações do art. 968 do CPC: a) pedido de rescisão da decisão e novo julgamento do processo; b) depósito de 5% (cinco por cento) sobre o valor da causa, a ser convertido em multa, quando for declarada inadmissível por unanimidade de votos ou julgada improcedente (não se aplica aos entes federativos, autarquias, fundações de direito público, ao Ministério Público, a Defensoria Pública e ao beneficiário da gratuidade de justiça).

TUTELA DE PROVISÓRIA:

A) TUTELA DE URGÊNCIA: art. 300 do CPC – requisitos: **probabilidade do direito e perigo de dano ou o risco ao resultado útil do processo.**
Da decisão interlocutória que indeferir a tutela de urgência cabe Agravo de Instrumento (art. 1.015, I, do CPC).

B) TUTELA DE EVIDÊNCIA: requisito da probabilidade do direito, não sendo necessário perigo de dano nas hipóteses do art. 311 do CPC.

CONTESTAÇÃO: 15 (quinze) dias (art. 970 do CPC).

PROVAS SÃO PRODUZIDAS EM PRIMEIRA INSTÂNCIA: art. 972 do CPC – no prazo de 1 (um) a 3 (três) meses.

ÔNUS DA PROVA: art. 373 do CPC
– **AUTOR:** fato constitutivo do direito;

- **RÉU:** fatos impeditivos, modificativos e extintivos da pretensão do Autor.

SENTENÇA: duas partes: **1 - PEDIDO RESCINDENDO – CONSTITUTIVO NEGATIVO;** em caso de procedência, a **2 - PEDIDO RESCISÓRIO OU DE NOVA DECISÃO** tem como objetivo, os pedidos do processo principal (declaratório, constitutivo, mandamental, constitutivo negativo, condenatória, inibitório e/ou misto).

CAPÍTULO 2: FICHAMENTOS DE COMPARAÇÃO DE PEÇAS

Empreendido todos os esforços para identificar as inúmeras peças práticas apresentadas, agora vamos comparar e distinguir aquelas que possuem maior probabilidade de confusão entre os estudantes por conta da presença de elementos próximos ou comuns.

Como já foi dito, na prática é muito frequente que, diante de determinada situação concreta, mais de uma medida judicial seja cabível. Todavia, no exame de ordem e nos concursos públicos, as bancas examinadoras, em regra, formulam um único tipo de peça para cada enunciado, ou seja, não se admitem duas peças. Nas oportunidades em que foi admitida mais de uma peça válida, observou-se o emprego de palavras vagas ou dúbias no texto, o que diante do caráter prática da peça, torna possível a adoção de outras medidas jurídicas.

Aliás, o estudante não deve partir do pressuposto de que há "pegadinhas" no texto ou que a banca pretende por pura maldade prejudicar. Tenha em mente que uma única peça deve ser apresentada, sendo fundamental a leitura e releitura atenta do enunciado, a fim de se identificar o momento processual, as partes e qual o objetivo da medida. Feito isso, deve-se elaborar o esquema e redigir a peça. No geral, o esquema de peça conterá os seguintes elementos: **medida judicial, legitimidade ativa e passiva, competência, fatos, direito e pedidos e requerimentos formais.**

Está preparado? Então, vamos aos quadros comparativos.

2.1 AÇÃO CIVIL PÚBLICA X AÇÃO POPULAR

AÇÃO CIVIL PÚBLICA	AÇÃO POPULAR
Natureza: Ação constitucional de natureza cível	**Natureza**: Ação constitucional de natureza cível. Participação do cidadão na democracia
Art. 129 da CF + Lei 7.347/85	Art. 5º, LXXIII, da CF + Lei 4.717/65
Objeto: Proteção ao patrimônio público, histórico, cultural, consumidor, meio ambiente, ordem econômica, direitos difusos e coletivos, honra e dignidade de grupos étnicos, raciais ou religiosos (**mais abrangente**) Possível ajuizar <u>medida cautelar</u> para assegurar a proteção.	**Objeto:** Proteção ao Patrimônio público, moralidade, meio ambiente e patrimônio histórico e cultural. **Modalidade:** preventiva e repressiva.
Competência: art. 2º - foro local do dano (competência absoluta) – Juízo de Primeiro Grau.	**Competência:** <u>não</u> há foro de prerrogativa, em regra. – art. 5º, LAP – juízo de primeiro grau federal ou estadual, dependendo do sujeito passivo ou da verba envolvida. – *Vide AO 859-QO STF*

Sujeito Ativo: legitimados específicos – Ministério Público, Defensoria Pública, Entes federativos (União, Estados, DF e Municípios), autarquias, empresas públicas, fundações, Sociedade de Economia Mista ou Associações (tempo + objeto social).	Sujeito ativo: cidadão (portador de título de eleitor) direitos políticos em dia – art. 1º, §3º, da Lei 4717/65.
Obs.1: CFOAB também pode ajuizar ação civil pública (art. 54, XIV, Lei 8.906/94).	Vide Súmula 365 do STF (Pessoa jurídica não pode propor ação popular).
Obs.2: Apenas associação precisa de advogado.	Obs.: cidadão - brasileiro nato, naturalizado, português equiparado, maior de 16 e menor de 18 anos), representados por advogado. Vide Tratado de Amizade Brasil-Portugal (D. 3.927/01)
Obs.3: STF decidiu que Defensorias podem propor ACPs que versem sobre direitos difusos, coletivos e individuais homogêneos (Inf. 784 STF).	
ATENÇÃO: requisito de pré-constituição das associações pode ser dispensado pelo Juiz em caso de interesse social e	

relevância (§4º do art. 5º da Lei 7347/85).	
Sujeito Passivo: Administração Pública ou particular.	**Sujeito Passivo:** Administração Pública, autoridade, funcionários e beneficiários diretos envolvidos (art. 6º). Obs.: §3º do art. 6º da Lei 4.717/65 – A pessoa jurídica de direito público ou de direito privado pode mudar de polo.
Liminar: (requisitos – "fumus boni iuris" e "periculum in mora") #Atenção: art. 2º, Lei 8.437/92 – prazo 72 horas – audiência representante judicial. (esse artigo prevalece sobre o artigo 12 da Lei 7.347/85)	**Liminar:** art. 5º, §4º (requisitos) – "fumus boni iuris" e "periculum in mora".
Pedidos de mérito: condenação em dinheiro ou cumprimento de obrigação fazer ou não fazer (art. 3º, Lei ACP). **Sentença:** faz coisa julgada "erga omnes", salvo	**Pedido de mérito:** anulação ou nulidade do ato que violou o Erário ou à moralidade administrativa. Custas e honorários e perdas e danos (art. 11 e 12, Lei 4.717/65).

improcedência por insuficiência de provas. *Obs.: Não aplicação do art. 16, quando dispuser sobre controle incidental de constitucionalidade.*	**Sentença**: faz coisa julgada "erga omnes", salvo improcedência por insuficiência de provas.
Recursos: **Contra deferimento/indeferimento de liminar** => agravo de instrumento **Contra sentença** => apelação	**Recursos:** **Contra deferimento/indeferimento de liminar** => agravo de instrumento **Contra sentença** => apelação

2.2. AÇÃO CIVIL PÚBLICA X MANDADO DE SEGURANÇA COLETIVO

AÇÃO CIVIL PÚBLICA	MANDADO DE SEGURANÇA COLETIVO
Natureza: Remédio constitucional de natureza cível	**Natureza**: Remédio constitucional de natureza cível
Fundamento: Lei 7.347/85	**Fundamento:** Artigo 5º, LXX, CF e artigo 21 da Lei 12.016/09.
Objeto: tutela dos direitos difusos, coletivos e individuais homogêneos – vide artigo 1º da Lei 7.347/85. Ex.: patrimônio público, histórico, cultural, consumidor, meio ambiente, ordem econômica, direitos difusos e coletivos, honra e dignidade de grupos étnicos, raciais ou religiosos.	**Objeto:** tutela apenas dos direitos coletivos e individuais homogêneos (direito líquido e certo) – artigo 21, parágrafo único, da Lei 12.016/09. *Obs.: a impetração do MS coletivo não impede a impetração do MS individual, desde que observado o prazo de 120 dias.*
Competência: art. 2º - foro local do dano (competência absoluta) – Juízo de Primeiro Grau.	**Competência:** de acordo com a autoridade coatora Ex.: STF, STJ, Justiça Federal, Justiça Estadual.
Legitimado Ativo - pessoas específicas: a) Ministério Público, b)	**Legitimado Ativo:** a) partido político com representação no Congresso Nacional

Defensoria Pública, c) a União, os Estados, o Distrito Federal e os Municípios, d) a autarquia, empresa pública, fundação ou sociedade de economia mista e; e) a associação que concomitantemente esteja constituída há pelo menos 1 (um) ano, nos termos da lei civil E inclua, entre suas finalidades institucionais, a proteção ao patrimônio público e social, ao meio ambiente, ao consumidor, à ordem econômica, à livre concorrência, aos direitos de grupos raciais, étnicos ou religiosos ou ao patrimônio artístico, estético, histórico, turístico e paisagístico - vide artigo 5º da Lei 7.347/85. *Obs.1: Apenas associação precisa de advogado.* *Obs.2: STF decidiu que Defensorias podem propor ACPs que versem sobre direitos difusos, coletivos e individuais homogêneos (Inf. 784 STF).*	(perspectiva geral) ou; b) organização sindical, entidade de classe ou associação legalmente constituída e em funcionamento há pelo menos 1 (um) ano, em defesa dos interesses de seus membros ou associados (**deve demonstrar a pertinência temática**). *Obs.1: CFOAB também pode ajuizar ação civil pública (art. 54, XIV, Lei 8.906/94).* *Obs.2: os legitimados agem como substitutos processuais (legitimidade extraordinária).* *Obs.3: vide súmulas 629 e 630 do STF que tratam da legitimidade ativa das entidades de classe.*

ATENÇÃO: requisito de pré-constituição das associações pode ser dispensado pelo Juiz em caso de interesse social e relevância (§4º do art. 5º da Lei 7347/85).	
Legitimado Passivo: Administração Pública ou particular.	**Legitimado Passivo:** autoridade coatora (agente público, servidor público ou particular em colaboração com o Estado). É a autoridade que pratica ou ordena concreta e especificamente a execução ou inexecução do ato impugnado e responde por suas conseqüências administrativas (poder de decisão). Além disso, a pessoa jurídica a que a autoridade está vinculada também deve ser inserida no polo passivo (litisconsorte necessário), pois sofre os efeitos da sentença.
Liminar: sim, é possível. Vide artigo 12 da Lei 7.347/85.	**Liminar:** sim, é possível. Vide artigo 7º, III, da Lei 12.016/2009.

Basta demonstrar os requisitos "fumus boni iuris" e "periculum in mora"	Basta demonstrar os requisitos "fumus boni iuris" e "periculum in mora". **Atenção**: Não há mais audiência do representante judicial da pessoa jurídica de direito público para concessão da liminar, pois reconhecida a inconstitucionalidade do art. 22, §2º, Lei 12.016/2009.
Pedidos e requerimentos: - Citação do Impetrado para responder, sob pena de revelia; - Concessão da liminar para suspender o ato; - Intimação do Ministério Público; - Ao final, seja julgado totalmente procedente o pedido, ratificando a liminar, a fim de condenar o Impetrado a pagar ou devolver dinheiro; fazer ou não fazer; - Condenação em custas e honorários.	**Pedidos e requerimentos:** - Concessão da liminar; - Oitiva do representante judicial da pessoa jurídica de direito público à qual a autoridade está vinculada para se manifestar sobre a liminar; - Notificação da autoridade coatora para prestar informações; - Intimação do representante judicial da pessoa jurídica à qual está vinculada a autoridade para se manifestar sobre o mérito; - Oitiva do Ministério Público;

	- Aplicação de multa, nos termos do artigo 77, §2º, do CPC; - Ao final, a concessão da segurança, com a ratificação da liminar, para assegurar o direito líquido e certo do Impetrante.
Sentença: A sentença civil fará coisa julgada "erga omnes", nos limites da competência territorial do órgão prolator, exceto se o pedido for julgado **improcedente por insuficiência de provas**, hipótese em que qualquer legitimado poderá intentar outra ação com idêntico fundamento, valendo-se de nova prova (art. 16, Lei 7.347/85).	**Sentença:** a sentença fará coisa julgada **limitadamente** aos membros do grupo ou categoria substituídos pelo impetrante (art. 22, Lei 12.016/09). O MS coletivo não induz litispendência para as ações individuais, mas os efeitos da coisa julgada não beneficiarão o impetrante a título individual se não requerer a desistência do seu MS no prazo de 30 dias a conta da ciência comprovada da impetração da segurança coletiva (§1º do art. 22).

2.3. MANDADO DE SEGURANÇA INDIVIDUAL X HABEAS DATA

MANDADO DE SEGURANÇA INDIVIDUAL	HABEAS DATA
Natureza: Ação constitucional de natureza cível de caráter mandamental	**Natureza:** Ação constitucional de natureza cível de caráter mandamental
Fundamento: art. 5º, LXIX, CF e Lei 12.016/09.	**Fundamento:** art. 5º, LXXII, CF e Lei 9.507/1997.
Competência: de acordo com a autoridade coatora	**Competência:** de acordo com a autoridade coatora.
Objeto: direito líquido e certo violado por ato coator de autoridade (ação ou omissão) **Não** há dilação probatória; direito demonstrado de plano, manifesto (não aceita prova pericial, testemunhal, por exemplo). Exceção: art. 6º, §1º, Lei 12016/09 – quando o documento estiver em estabelecimento público ou em poder de autoridade que se recuse a fornecê-lo por certidão ou de terceiro, o juiz	**Objeto**: há três hipóteses previstas: a) assegurar o **conhecimento** de informações relativas à pessoa do impetrante, constantes de registros ou bancos de dados de entidades governamentais ou de caráter público; b) **retificação** de dados, quando não se prefira fazê-lo por processo sigiloso, judicial ou administrativo; c) **anotação** nos assentamentos do

manda oficiar para apresentar aos autos. *Obs.: A controvérsia de direito não obsta o MS (Súmula 625, STF), ou seja, controvérsia a respeito de interpretação de lei.* **Não** cabe em face de: • atos meramente normativos (lei); • atos "interna corporis" e; • atos que transitaram em julgado. **Não** cabe MS também em face de: • Ato administrativo que comporte recurso com efeito suspensivo • Ato judicial que comporte recurso • Ato disciplinar (não cabe HC, mas se ilegal ou abusivo, comporta MS). • Ato de dirigente de estabelecimento particular (salvo se em exercício de atribuições públicas).	interessado, de contestação ou explicação sobre dado verdadeiro, mas justificável e que esteja sob pendência judicial ou amigável – inserida pelo art. 7º, III, da Lei n. 9.507/97. Para a impetração do "habeas data", há necessidade de <u>prévio requerimento administrativo</u>, demonstrando a recusa ou decurso de prazo sem decisão (art. 8º, parágrafo único, Lei 9.507/97). Tal requisito configura-se como condição da ação – interesse de agir. Obs.: **Não** há dilação probatória; direito demonstrado de plano, manifesto (não aceita prova pericial, testemunhal, por exemplo). **CUIDADO**: o "habeas data" **não** é remédio cabível contra violação do direito de certidão (art. 5º, XXXIV, "b",

Obs.: MS possui prazo <u>decadencial</u> de 120 dias (art. 23, Lei 12.016/09).	CF), tampouco se presta a impulsionar processo administrativo. No caso de recusa no fornecimento de certidão, o remédio constitucional cabível é o mandado de segurança. *<u>Cabe</u> "habeas data" se as informações solicitadas forem **insuficientes** ou **incompletas** (vide HD 160/DF no STJ). <u>Atenção</u>: (i) são **gratuitas** as ações de "habeas corpus" e "habeas data" (art. 5º, LXXVII, CF); (ii) são **gratuitos** o procedimento administrativo para acesso a informações e retificação de dados e para anotação de justificação, bem como a ação de habeas data (art. 21, Lei 9.507/97).
Legitimidade Ativa: pessoa física ou jurídica, órgão público despersonalizado ou universidade legal (espólio, massa falida, condomínio).	**Legitimidade Ativa**: pessoa física ou jurídica a que se refere a informação. (brasileira ou estrangeira).

Obs.: Agentes Políticos: podem ser sujeitos ativo ou passivo.	O direito tutelado é **personalíssimo, ou seja, busca-se** informação do próprio impetrante. Não se admite, em regra, pedido relativo à informação de terceiros. Obs.: a jurisprudência do STF (vide RE 589.257/DF) e do STJ (vide HD 147/DF) admite pedidos formulados por familiares (ex., cônjuge, ascendente, descendente ou irmão), a fim de preservar a memória de ente falecido ou ausente.
Legitimidade Passiva: autoridade (pessoa física investida de poder público). **Obs.**: *a União, Estados, DF e Territórios só ingressarão no feito como <u>litisconsortes necessários</u>, por meio de seus procuradores. (SOFREM OS EFEITOS DA SENTENÇA). No caso do Município, o próprio Prefeito já representa o ente (art. 75, III, CPC).*	**Legitimidade Passiva**: autoridade ou responsável (particular) pelo órgão ou entidade depositária do registro ou banco de dados **Obs**.: é de caráter público todo registro ou banco de dados contendo informações que sejam ou que possam ser transmitidas a terceiros ou que não sejam de uso privativo do órgão ou entidade produtora ou

Liminar: possível – artigo 7º, III, Lei 12.016/09.	depositária das informações (art. 1º, Lei 9.507/97).
	Liminar: embora sem fundamento legal, é admitido o pedido pela jurisprudência.
Pedido e Requerimentos: - Concessão da segurança, ratificação da liminar, para suspender o ato impugnado (art. 7º, III, Lei 12.016/09); - Intimação da autoridade para prestar informações (art. 7º, I, Lei 12.016/09); - Intimação do representante judicial da pessoa jurídica, a qual a autoridade está vinculada (art. 7º, II, Lei 12.016/09); - Oitiva do Ministério Público; - Juntada da prova do direito líquido e certo; - Multa do art. 77, IV, CPC. - Valor da causa	**Pedido e requerimentos:** - Concessão da liminar; - Procedência do pedido, determinando que o impetrado forneça/retifique/anote as informações (art. 13, Lei 9.507/97); - Notificação da autoridade coatora, para prestar informações (art. 9º, Lei 9.507/97); - Oitiva do Ministério Público (art. 12, Lei 9.507/97); - Juntada da prova documental; -Valor da causa.
Recursos: 1 - **Mandado de Segurança em 1ª instância** Contra deferimento/indeferimento de liminar => agravo de instrumento	**Recursos:** 1 – **"Habeas data" em 1ª instância** Contra deferimento/indeferimento de liminar => agravo de instrumento

Contra a sentença => apelação **2 - Mandado de Segurança de competência originária de TJ ou TRF** Contra acórdão denegatório => ROC ao STJ (art. 105, II, CF) **3 - Mandado de Segurança de competência originária de Tribunal Superior** Contra acórdão denegatório => ROC ao STF (art. 102, II, CF).	Contra a sentença => apelação **2 - "Habeas data" de competência originária de Tribunal Superior** Contra acórdão denegatório => ROC ao STF (art. 102, II, CF).

2.4. ADI X ADPF

AÇÃO DIRETA DE INCONSTITUCIONALIDADE (ADI)	ARGUIÇÃO DE DESCUMPRIMENTO DE PRECEITO FUNDAMENTAL (ADPF)
Natureza: Ação de controle concentrado de constitucionalidade (processo objetivo)	**Natureza:** híbrida. Assume caráter de ação de controle concentrado (processo objetivo), bem como de controle difuso de constitucionalidade.
Fundamento: art. 102, I, "a", CF e art. 2º a 12 da Lei 9.868/99. Petição inicial - art. 319, CPC c.c art. 3º e 4º da Lei 9.868/99 (requisitos).	**Fundamento:** art. 102, §1º, CF e Lei 9.882/99. Petição inicial - art. 319, CPC c.c art. 3º e 4º da Lei 9.882/99 (requisitos).
Competência: Supremo Tribunal Federal (STF) – art. 102, I, "a", CF.	**Competência:** Supremo Tribunal Federal (STF) – art. 102, §1º, CF.
Objeto: lei ou ato normativo federal ou estadual que viole a Constituição Federal (Bloco de Constitucionalidade). Obs.: ato normativo impugnado deve ser de caráter **primário**, ou seja, equivalente à lei, dotado de impessoalidade,	**Objeto:** quanto ao objeto, há duas espécies de ADPF: AUTÔNOMA (art. 1º, "caput", Lei 9.882/99): tem por objeto qualquer ato do Poder Público que contrarie um preceito

generalidade e abstração (*Ex. Emenda Constitucional, Medida Provisória, Lei ordinária, Lei Delegada, Lei Complementar, Decreto Legislativo, Resolução da Câmara, do Senado ou do Congresso e Decreto Autônomo*).

Obs.2: a lei ou ato normativo só será objeto de ADI se **posterior ao parâmetro do controle de constitucionalidade.**

Obs.3: É cabível a ADI no âmbito **estadual**, a qual se denomina tecnicamente por **representação de inconstitucionalidade** (art. 125, §2º, CF), tendo por objeto lei ou ato normativo estadual ou municipal que viole a Constituição Estadual.

fundamental. Possui caráter mais genérico e preventivo.

INCIDENTAL (art. 1º, parágrafo único, Lei 9.882/99): tem por objeto lei ou ato normativo federal, estadual, municipal ou anterior à CF que gere **relevante controvérsia constitucional** (divergência jurisdicional). Possui caráter repressivo, pois já pressupõe a existência de demanda judicial.

Obs.: Preceito fundamental – a lei não definiu, deixando a cargo da doutrina e da jurisprudência. Contudo, de forma geral, pode-se considerar preceito fundamental as normas que tratam dos *princípios fundamentais; cláusulas pétreas; princípios constitucionais sensíveis; direitos e garantias*

	fundamentais; princípios da ordem econômica, princípios constitucionais tributários etc. **Princípio da Subsidiariedade:** previsto no artigo 4°, §1°, da Lei 9.882/99, dispõe que a ADPF não será cabível se houver outro meio de sanar a lesividade. Consoante a doutrina e a jurisprudência do STF, não se admite a ADPF se for cabível qualquer outra ação de controle concentrado (ADI, ADC, ADO). Obs.: o ato normativo impugnado pode ser anterior ou posterior ao parâmetro do controle de constitucionalidade. Obs.2: Se o ato normativo for anterior, na realidade, não há propriamente controle de constitucionalidade, mas

| | sim verdadeira **análise abstrata de recepção ou não da norma**.

Obs.3: Se o ato normativo for <u>posterior</u>, esse deve ser de caráter **secundário**, ou seja, **não equivalente à lei**, tendo mais aspecto de ato regulamentador (ex. *portarias de Ministério, portaria de Presidente da Câmara ou do Senado; decreto regulamentar; decisões judiciais entre outros*). |
|---|---|
| **Legitimidade Ativa**: legitimados do artigo 103, CF, sendo:

I - o Presidente da República;
II - a Mesa do Senado Federal;
III - a Mesa da Câmara dos Deputados;
<u>IV</u> a Mesa de Assembléia Legislativa ou da Câmara Legislativa do Distrito Federal;
<u>V</u> o Governador de Estado ou do Distrito Federal;
VI - o Procurador-Geral da República; | **Legitimidade Ativa**: legitimados do artigo 103, CF, sendo:

I - o Presidente da República;
II - a Mesa do Senado Federal;
III - a Mesa da Câmara dos Deputados;
<u>IV</u> a Mesa de Assembléia Legislativa ou da Câmara Legislativa do Distrito Federal; |

VII - o Conselho Federal da Ordem dos Advogados do Brasil; VIII - partido político com representação no Congresso Nacional; IX - confederação sindical ou entidade de classe de âmbito nacional. **Legitimados Universais ou Neutros**: incisos I, II, III, VI, VII e VIII **Legitimados Especiais**: aqueles que precisam demonstrar a **pertinência temática** – incisos IV, V e IX.	V o Governador de Estado ou do Distrito Federal; VI - o Procurador-Geral da República; VII - o Conselho Federal da Ordem dos Advogados do Brasil; VIII - partido político com representação no Congresso Nacional; IX - confederação sindical ou entidade de classe de âmbito nacional. **Legitimados Universais ou Neutros**: incisos I, II, III, VI, VII e VIII **Legitimados Especiais**: aqueles que precisam demonstrar a **pertinência temática** – incisos IV, V e IX.
Legitimidade Passiva: a norma impugnada que foi editada por algum órgão ou autoridade. *Destaca-se que no controle de constitucionalidade, não há	**Legitimidade Passiva**: a norma impugnada que foi editada por algum órgão ou autoridade. *Destaca-se que no controle de

efetivamente partes no processo. O processo tem caráter <u>objetivo</u>. Logo, impugna-se determinada norma que contrarie o texto constitucional.	constitucionalidade, não há efetivamente partes no processo. O processo tem caráter <u>objetivo</u>. Logo, impugna-se determinada norma que contrarie o texto constitucional.
Cautelar: possível – art. 102, I, "p", CF e artigos 10 a 12 da Lei 9.868/99.	**Liminar**: possível – artigo 5º da Lei 9.882/99.
Pedido e Requerimentos: - Intimação da autoridade responsável pelo ato impugnado para que se manifeste sobre a cautelar, no prazo de 5 dias (art. 10, Lei 9.868/99); - concessão da cautelar, a fim de suspender a eficácia do dispositivo impugnado (art. 10, Lei 9.868/99); - Intimação da autoridade responsável para se manifestar sobre o mérito da ação, no prazo de 30 dias (art. 6º, parágrafo único, da Lei 9.868/99);	**Pedido e Requerimentos**: - Intimação da autoridade responsável pelo ato impugnado para que se manifeste sobre a liminar, no prazo de 5 dias (art. 5º, §2º, Lei 9882/99); - Concessão da liminar, a fim de determinar que juízes e tribunais suspendam o andamento de processo ou os efeitos de decisões judiciais, ou de qualquer outra medida que apresente relação com a matéria objeto da presente ação (art. 5º, §3º, da Lei 9.882/99);

- Intimação do Advogado-Geral da União para se manifestar no prazo de 15 dias, conforme o artigo 8º da Lei 9.868/99 e art. 103, §3º, da CF; - Intimação do Procurador-Geral da República, para emitir parecer, no prazo de 15 dias, conforme o artigo 8º da Lei 9.868/99 e art. 103, §1º, da CF; - Procedência do pedido, com a ratificação da cautelar, a fim de declarar a inconstitucionalidade da norma impugnada. - Valor da Causa.	- Intimação da autoridade responsável para se manifestar sobre o mérito da ação, no prazo de 10 dias (art. 6º, "caput", da Lei 9.882/99); - Intimação do Procurador-Geral da República, para emitir parecer, no prazo de 5 dias, conforme o artigo 7º, parágrafo único, da Lei 9882/99; - a procedência do pedido de mérito, com a ratificação da liminar, para que seja declarada a violação do preceito fundamental, fixando-se as condições e o seu modo de interpretação e aplicação (art. 10 da Lei 9.882/99). - Valor da causa.
Modulação de efeitos: por maioria de **dois terços** de seus membros do STF (8 Ministros), possível restringir os efeitos da	**Modulação de efeitos:** por maioria de **dois terços** de seus membros do STF (8 Ministros),

declaração ou decidir que ela só tenha eficácia a partir de seu trânsito em julgado ou de outro momento que venha a ser fixado (art. 27, Lei 9.868/99).	possível restringir os efeitos da declaração ou decidir que ela só tenha eficácia a partir de seu trânsito em julgado ou de outro momento que venha a ser fixado (art. 11, Lei 9.882/99).

2.5. ADI FEDERAL X REPRESENTAÇÃO DE INCONSTITUCIONALIDADE (ADI Estadual)

AÇÃO DIRETA DE INCONSTITUCIONALIDADE (ADI)	REPRESENTAÇÃO DE INCONSTITUCIONALIDADE
Natureza: Ação de controle concentrado de constitucionalidade (processo objetivo)	**Natureza:** Ação de controle concentrado de constitucionalidade (processo objetivo)
Fundamento: art. 102, I, "a", CF e art. 2º a 12 da Lei 9.868/99. Petição inicial - art. 319, CPC c.c art. 3º e 4º da Lei 9.868/99 (requisitos).	**Fundamento**: art. 125, §2º, CF.
Competência: Supremo Tribunal Federal (STF) – art. 102, I, "a", CF.	**Competência:** Tribunal de Justiça (TJ) – art. 125, §2º, CF.
Objeto: lei ou ato normativo federal ou estadual que viole a Constituição Federal (Bloco de Constitucionalidade). Obs.: ato normativo impugnado deve ser de caráter **primário**, ou seja, equivalente à lei, dotado de impessoalidade, generalidade e abstração	**Objeto**: lei ou ato normativo estadual ou municipal que viole a Constituição Estadual. **Atenção**: caso a norma impugnada também viole **diretamente** o texto da Constituição Federal, é possível a interposição de recurso extraordinário contra o acórdão do Tribunal de

(*Ex. Emenda Constitucional, Medida Provisória, Lei ordinária, Lei Delegada, Lei Complementar, Decreto Legislativo, Resolução da Câmara, do Senado ou do Congresso e Decreto Autônomo*). Obs.2: a lei ou ato normativo só será objeto de ADI se **posterior ao parâmetro do controle de constitucionalidade.** Obs.3: É cabível a ADI no âmbito **estadual**, a qual se denomina tecnicamente por **representação de inconstitucionalidade** (art. 125, §2º, CF), tendo por objeto lei ou ato normativo <u>estadual</u> ou <u>municipal</u> que viole a Constituição Estadual.	Justiça que julgou a representação de inconstitucionalidade.
Legitimidade Ativa: legitimados do artigo 103, CF, sendo: I - o Presidente da República;	**Legitimidade Ativa**: o rol dos legitimados é definido pelas Constituições Estaduais. Todavia, é vedada a atribuição da legitimação para agir a um

II - a Mesa do Senado Federal; *III - a Mesa da Câmara dos Deputados;* *IV a Mesa de Assembléia Legislativa ou da Câmara Legislativa do Distrito Federal;* *V o Governador de Estado ou do Distrito Federal;* *VI - o Procurador-Geral da República;* *VII - o Conselho Federal da Ordem dos Advogados do Brasil;* *VIII - partido político com representação no Congresso Nacional;* *IX - confederação sindical ou entidade de classe de âmbito nacional.* **Legitimados Universais ou Neutros**: incisos I, II, III, VI, VII e VIII **Legitimados Especiais**: aqueles que precisam demonstrar a **pertinência temática** – incisos IV, V e IX.	único órgão (art. 125, §2º, CF).
Legitimidade Passiva: a norma impugnada que foi	**Legitimidade Passiva**: a norma impugnada que foi

editada por algum órgão ou autoridade. *Destaca-se que no controle de constitucionalidade, não há efetivamente partes no processo. O processo tem caráter <u>objetivo</u>. Logo, impugna-se determinada norma que contrarie o texto constitucional.	editada por algum órgão ou autoridade. *Destaca-se que no controle de constitucionalidade, não há efetivamente partes no processo. O processo tem caráter <u>objetivo</u>. Logo, impugna-se determinada norma que contrarie o texto constitucional.
Cautelar: possível – art. 102, I, "p", CF e artigos 10 a 12 da Lei 9.868/99	**Cautelar**: possível, conforme previsão específica do Tribunal de Justiça e regramento estadual.
Pedido e Requerimentos: - Intimação da autoridade responsável pelo ato impugnado para que se manifeste sobre a cautelar, no prazo de 5 dias (art. 10, Lei 9.868/99); - concessão da cautelar, a fim de suspender a eficácia do dispositivo impugnado (art. 10, Lei 9.868/99); - Intimação da autoridade responsável para se	**Pedido e Requerimentos**: - Intimação da autoridade responsável pelo ato impugnado para que se manifeste sobre a cautelar; - concessão da cautelar, a fim de suspender a eficácia do dispositivo impugnado; - Intimação da autoridade responsável para se manifestar sobre o mérito da ação;

manifestar sobre o mérito da ação, no prazo de 30 dias (art. 6º, parágrafo único, da Lei 9.868/99); - Intimação do Advogado-Geral da União para se manifestar no prazo de 15 dias, conforme o artigo 8º da Lei 9.868/99 e art. 103, §3º, da CF; - Intimação do Procurador-Geral da República, para emitir parecer, no prazo de 15 dias, conforme o artigo 8º da Lei 9.868/99 e art. 103, §1º, da CF; - Procedência do pedido, com a ratificação da cautelar, a fim de declarar a inconstitucionalidade da norma impugnada. - Valor da Causa.	- Intimação do Procurador-Geral do Estado para se manifestar; - Intimação do Procurador-Geral de Justiça para emitir parecer; - Procedência do pedido, com a ratificação da cautelar, a fim de declarar a inconstitucionalidade da norma impugnada. - Valor da Causa.
Modulação de efeitos: por maioria de **dois terços** de seus membros do STF (8 Ministros), possível restringir os efeitos da declaração ou decidir que ela só tenha	**Modulação de efeitos:** por maioria de **dois terços** de seus membros do Tribunal de Justiça, conforme art. 27, Lei 9.868/99.

| eficácia a partir de seu trânsito em julgado ou de outro momento que venha a ser fixado (art. 27, Lei 9.868/99). | |

2.6. MANDADO DE INJUNÇÃO X AÇÃO DIRETA DE INCONSTITUCIONALIDADE POR OMISSÃO

MANDADO DE INJUNÇÃO (MI)	AÇÃO DIRETA DE INCONSTITUCIONALIDADE POR OMISSÃO (ADO)
Natureza: ação constitucional de natureza cível (controle difuso).	**Natureza**: ação de controle concentrado de constitucionalidade.
Fundamentos: art. 5º, LXXI, CF, Lei 13.300/2016 e art. 319, CPC (petição inicial).	**Fundamentos**: artigos 12-A a 12-H da Lei 9.868/99 e art. 319, CPC (petição inicial).
Competência: STF (art. 102, I, "q", CF) ou STJ (art. 105, I, "h", CF). *Obs.: admite-se no âmbito estadual pela simetria federativa*	**Competência**: STF (art. 102, I, "a", CF c.c 103, §2º, CF).
Legitimidade ativa: MI Individual: qualquer pessoa física ou jurídica (art. 3º, Lei 13.300/16). **MI Coletivo**: Ministério Público, partido político com representação no congresso nacional, organização sindical, entidade de classe, associação legalmente	**Legitimidade ativa**: rol previsto no art. 103, CF (legitimados universais e especiais).

constituída e em funcionamento há pelo menos 1 (um) ano e Defensoria Pública (art. 12, Lei 13.300/16).	
Objeto: norma constitucional não regulamentada que torne inviável o exercício dos direitos e liberdades constitucionais e das prerrogativas inerentes à nacionalidade, à soberania e à cidadania (norma constitucional de eficácia limitada não regulamentada).	**Objeto**: norma constitucional não regulamentada (norma constitucional de eficácia limitada não regulamentada).
Liminar: segundo a jurisprudência do STF, não se admite liminar em mandado de injunção, pois teria caráter satisfativo, o que é incompatível com o remédio (vide MIs n. 283, 542, 631, 636, 652 e 694).	**Medida cautelar:** art. 12-F e 12-G da Lei 9.868/99. A medida cautelar poderá consistir na suspensão da aplicação da lei ou do ato normativo questionado, no caso de omissão parcial, bem como na suspensão de processos judiciais ou de procedimentos administrativos, ou ainda em outra providência a ser fixada pelo Tribunal (art. 12-F, §1º, Lei 9.868/99).
Decisão final:	**Decisão final:**

- Determinar prazo razoável para que o impetrado promova a edição da norma regulamentadora (art. 8°, I, Lei 13.300/16); - Estabelecer as condições em que se dará o exercício dos direitos, das liberdades ou das prerrogativas reclamados ou, se for o caso, as condições em que poderá o interessado promover ação própria visando a exercê-los, caso não seja suprida a mora legislativa no prazo determinado (art. 8°, II, Lei 13.300/16). - Valor da causa Obs.: STF adota a **posição concretista** (vide MIs n. 670, 708, 712 e 721). Ob.2.: Será dispensada a determinação a que se	- Reconhece a inconstitucionalidade por omissão e cientifica ao Poder competente para a adoção das providências necessárias. *Poder Legislativo: apenas ciência para adoção de providências (art. 12-H, "caput", Lei 9.868/99). *Poder Executivo: as providências deverão ser adotadas no prazo de 30 (trinta) dias, ou em prazo razoável a ser estipulado excepcionalmente pelo Tribunal, tendo em vista as circunstâncias específicas do caso e o interesse público envolvido (art. 12-H, §1°, Lei 9.868/99). - Valor da causa.

refere o inciso I do caput quando comprovado que o impetrado deixou de atender, em mandado de injunção anterior, ao prazo estabelecido para a edição da norma (art. 8º, parágrafo único, Lei 13.300/16).	
Efeitos: decisão terá eficácia subjetiva limitada às partes e produzirá efeitos até o advento da norma regulamentadora. **Atenção:** Poderá ser conferida eficácia "ultra partes" ou "erga omnes" à decisão, quando isso for inerente ou indispensável ao exercício do direito, da liberdade ou da prerrogativa objeto da impetração.	**Efeitos:** têm eficácia contra todos e efeito vinculante em relação aos órgãos do Poder Judiciário e à Administração Pública federal, estadual e municipal (art. 28, parágrafo único, Lei 9.868/99).
Jurisprudência: "A orientação do STF é pela prejudicialidade do mandado de injunção com a edição da norma	**Jurisprudência:** "Impossibilidade jurídica do pedido de conversão do mandado de injunção em ação

regulamentadora então ausente. Excede os limites da via eleita a pretensão de sanar a alegada lacuna normativa do período pretérito à edição da lei regulamentadora". [MI 1.011 AgR]

"Para ser cabível o mandado de injunção, não basta que haja eventual obstáculo ao exercício de direito ou liberdade constitucional em razão de omissão legislativa, mas concreta inviabilidade de sua plena fruição pelo seu titular. Daí por que há de ser comprovada, de plano, a titularidade do direito (...) e a sua inviabilidade decorrente da ausência de norma regulamentadora do direito constitucional". [MI 2.195 AgR]

direta de inconstitucionalidade por omissão" [MI 395 QO].

"A audiência do advogado-geral da União, prevista no art. 103, § 3º, da CF de 1988, é necessária na ação direta de inconstitucionalidade[...]. Não, porém, na ação direta de inconstitucionalidade por omissão, prevista no § 2º do mesmo dispositivo, pois nesta se pressupõe, exatamente, a inexistência de norma ou ato normativo". [ADI 23 QO].

2.7. RECURSO ESPECIAL X RECURSO EXTRAORDINÁRIO

RECURSO ESPECIAL	RECURSO EXTRAORDINÁRIO
Natureza: Recurso processual	**Natureza**: Recurso processual
Fundamentos: art. 105, III, CF e arts. 1.029 a 1.041, CPC.	**Fundamentos**: art. 102, III, CF e arts. 1.029 a 1.041, CPC.
Competência: Superior Tribunal de Justiça	**Competência**: Supremo Tribunal Federal
Objeto: acórdão	**Objeto**: acórdão
Art. 105, III, CF: julgar, em recurso especial, as causas decididas, em única ou última instância, pelos **Tribunais Regionais Federais** ou pelos **tribunais dos Estados, do Distrito Federal e Territórios**, quando a **decisão recorrida**: a) contrariar tratado ou lei federal, ou negar-lhes vigência; b) julgar válido ato de governo local contestado em face de lei federal;	Art. 102, III, CF: III - julgar, mediante recurso extraordinário, as causas decididas em única ou última instância, quando a **decisão recorrida**: a) contrariar dispositivo desta Constituição; b) declarar a inconstitucionalidade de tratado ou lei federal; c) julgar válida lei ou ato de governo local contestado em face desta Constituição.

c) der a lei federal interpretação divergente da que lhe haja atribuído outro tribunal. Atenção: o REsp é recurso elaborado em **duas petições – interposição e razões recursais** -, sendo a primeira dirigida ao juízo recorrido e a segunda ao juízo recorrente. Obs.: **Há juízo de admissibilidade** pelo juízo recorrido, ou seja, o juiz ao receber o recurso o recurso, remete-o diretamente ao tribunal, sem fazer qualquer análise dos pressupostos (art.1.030, CPC). **Prazo para interposição:** 15 dias (art. 1.003, §5º, CPC). **Requisitos específicos Hipótese de cabimento** – demonstração de qual alínea do art. 105, III, pauta-se o recurso. O REsp é	d) julgar válida lei local contestada em face de lei federal. Atenção: o RE é recurso elaborado em **duas petições – interposição e razões recursais** -, sendo a primeira dirigida ao juízo recorrido e a segunda ao juízo recorrente. Obs.: **Há juízo de admissibilidade** pelo juízo recorrido, ou seja, o juiz ao receber o recurso o recurso, remete-o diretamente ao tribunal, sem fazer qualquer análise dos pressupostos (art.1.030, CPC). **Prazo para interposição:** 15 dias (art. 1.003, §5º, CPC). **Requisitos específicos Hipótese de cabimento** – demonstração de qual alínea do art. 102, III, pauta-se o recurso. O RE é recurso de fundamentação **vinculada**, ou seja, apenas discute a interpretação das normas.

recurso de fundamentação **vinculada**, ou seja, apenas discute a interpretação das normas. Não há discussão sobre provas e fatos. **Prequestionamento** – demonstração que a matéria federal já foi discutida nas fases processuais anteriores. **Relevância da questão de direito federal**: requisito inserido por meio da Emenda Constitucional n. 125/2022. Houve a inserção do §2º ao artigo 105 da Constituição Federal, dispondo que o recorrente deve demonstrar a relevância das questões de direito federal infraconstitucional discutidas no caso, nos termos da lei, a fim de que a admissão do recurso seja examinada pelo Tribunal, o qual somente pode dele não conhecer com base nesse motivo pela manifestação de 2/3 (dois terços) dos	Não há discussão sobre provas e fatos. **Prequestionamento** – demonstração que a matéria federal já foi discutida nas fases processuais anteriores (vide súmula 282 e 356 do STF). **Repercussão geral** – demonstração da existência de questões relevantes do ponto de vista econômico, político, social ou jurídico que ultrapassem os interesses subjetivos do processo (art. 1.035, §1º, CPC). Haverá repercussão geral <u>sempre</u> que o recurso impugnar acórdão que contrarie **súmula** ou **jurisprudência dominante** do Supremo Tribunal Federal e; tenha reconhecido a **inconstitucionalidade de tratado ou de lei federal**, nos termos do art. 97 da Constituição Federal (art. 1.035, §3º, CPC).

membros do órgão competente para o julgamento.

Obs.: É <u>presumida</u> a relevância da questão federal, nos seguintes casos:

I - ações penais;
II - ações de improbidade administrativa;
III - ações cujo valor da causa ultrapasse 500 (quinhentos) salários mínimos;
IV - ações que possam gerar inelegibilidade;
V - hipóteses em que o acórdão recorrido contrariar jurisprudência dominante do Superior Tribunal de Justiça;
VI - outras hipóteses previstas em lei.

Atenção: Súmula n. 7 do STJ: "a pretensão de simples reexame de prova não enseja recurso especial."

Legitimidade Ativa: parte vencida, pelo terceiro prejudicado e pelo Ministério Público, como parte ou como fiscal da ordem jurídica (art. 996, CPC).	**Legitimidade Ativa**: parte vencida, pelo terceiro prejudicado e pelo Ministério Público, como parte ou como fiscal da ordem jurídica (art. 996, CPC).
Legitimidade Passiva: parte adversa no processo original. Obs.: o juiz não figura no polo passivo, pois não é parte no processo.	**Legitimidade Passiva**: parte adversa no processo original. Obs.: o juiz não figura no polo passivo, pois não é parte no processo.
Efeito Suspensivo: REsp, em regra, não possui efeito suspensivo (art. 1.029, §5º, CPC). **Tutela de urgência**: poderá eventualmente, ser requerida se presente a plausibilidade do alegado e o perigo de dano (art. 932 do CPC c.c art. 1.019, CPC)	**Efeito Suspensivo**: RE, em regra, não possui efeito suspensivo.
Requerimentos: A) Petição de interposição - Inconformismo com a sentença; - Intimação da parte contrária para	**Requerimentos**: A) Petição de interposição - Inconformismo com a sentença;

apresentação das contrarrazões; - Remessa ao tribunal; - Preparo recursal (art. 1.007, CPC). - Encerramento; B) Razões recursais - conhecimento e provimento do recurso para reformar/anular a decisão impugnada.	- Intimação da parte contrária para apresentação das contrarrazões; - Remessa ao tribunal; - Preparo recursal (art. 1.007, CPC). - Encerramento; B) Razões recursais - conhecimento e provimento do recurso para reformar/anular a decisão impugnada. - Intimação do Procurador-Geral da República.

2.8. APELAÇÃO X RECURSO ORDINÁRIO CONSTITUCIONAL

APELAÇÃO	RECURSO ORDINÁRIO CONSTITUCIONAL
Natureza: Recurso processual	**Natureza**: Recurso processual
Fundamentos: art. 994, I, CPC e art. 1.009 a 1.014 do CPC.	**Fundamentos**: art. 102, II, CF; art. 105, II, CF e art. 1.027 e 1.028 do CPC.
Competência: Tribunal de Justiça ou Tribunal Regional Federal	**Competência**: Supremo Tribunal Federal ou Superior Tribunal de Justiça.
Objeto: sentença, ou seja, é o pronunciamento por meio do qual o juiz, com fundamento nos arts. 485 e 487, põe fim à fase cognitiva do procedimento comum, bem como extingue a execução (art. 203, §1º, CPC). Atenção: a apelação é recurso elaborado em **duas petições – interposição e razões recursais -**, sendo a primeira dirigida ao juízo recorrido e a segunda ao juízo recorrente.	**Objeto:** sentença ou acórdão desfavoráveis. Sentenças: I - sentença em causas estrangeiras ROC ao STJ (vide art. 109, II, c.c art. 105, II, "c" CF). II - sentença em crime político => ROC ao STF (vide art. 109, IV, c.c art. 102, II, "b", CF). Acórdãos I - acórdãos denegatórios em mandado de segurança, ou "habeas data", ou "habeas corpus" ou mandado de injunção de competência

Obs.: **Não** há **juízo de admissibilidade** pelo juízo recorrido, ou seja, o juiz ao receber o recurso o recurso, remete-o diretamente ao tribunal, sem fazer qualquer análise dos pressupostos (art. 1.010, §3º, CPC). **Prazo para interposição:** 15 dias (art. 1.003, §5º, CPC).	originária em Tribunais Superiores => ROC ao STF (art. 102, II, "a", CF). II – acórdãos denegatórios em "habeas corpus" ou mandado de segurança de competência originária em Tribunal de Justiça ou Tribunal Regional Federal => ROC ao STJ (art. 105, II, "a" e "b", CF). Atenção: o ROC é recurso elaborado em **duas petições – interposição e razões recursais -**, sendo a primeira dirigida ao juízo recorrido e a segunda ao juízo recorrente. Obs.: **Não** há **juízo de admissibilidade** pelo juízo recorrido, ou seja, o juiz ao receber o recurso o recurso, remete-o diretamente ao tribunal, sem fazer qualquer análise dos pressupostos (art. 1.028, CPC). **Prazo para interposição:** 15 dias (art. 1.003, §5º, CPC).

Legitimidade Ativa: parte vencida, pelo terceiro prejudicado e pelo Ministério Público, como parte ou como fiscal da ordem jurídica (art. 996, CPC).	**Legitimidade Ativa**: parte vencida, pelo terceiro prejudicado e pelo Ministério Público, como parte ou como fiscal da ordem jurídica (art. 996, CPC).
Legitimidade Passiva: parte adversa no processo original. Obs.: o juiz não figura no polo passivo, pois não é parte no processo.	**Legitimidade Passiva**: parte adversa no processo original. Obs.: o juiz não figura no polo passivo, pois não é parte no processo.
Efeito Suspensivo: a apelação, em regra, já é dotada de efeito devolutivo e suspensivo. Exceções: Não haverá efeito suspensivo, nas sentenças que: I - homologa divisão ou demarcação de terras; II - condena a pagar alimentos; III - extingue sem resolução do mérito ou julga improcedentes os embargos do executado; IV - julga procedente o pedido de instituição de arbitragem; V - confirma,	**Efeito Suspensivo**: conforme o art. 1027, §2º c.c art. 1029, §5º, eventual pedido de atribuição de efeito suspensivo <u>poderá</u> ser requerido: – I ao tribunal superior respectivo, no período compreendido entre a publicação da decisão de admissão do recurso e sua distribuição, ficando o relator designado para seu exame prevento para julgá-lo; II - ao relator, se já distribuído o recurso; e III – ao presidente ou ao vice-presidente do tribunal recorrido, no período compreendido entre a

concede ou revoga tutela provisória; VI - decreta a interdição. **Tutela de urgência**: poderá eventualmente, ser requerida se presente a plausibilidade do alegado e o perigo de dano (vide art. 1.012, §3º c.c art. 932 do CPC).	interposição do recurso e a publicação da decisão de admissão do recurso, assim como no caso de o recurso ter sido sobrestado, nos termos do art. 1.037, CPC. **Tutela de urgência**: embora não seja regra, poderá eventualmente, ser requerida se presente a plausibilidade do alegado e o perigo de dano (art. 932, II, do CPC).
Requerimentos: A) Petição de interposição - Inconformismo com a sentença; - Intimação da parte contrária para apresentação das contrarrazões; - Remessa ao tribunal; - Preparo recursal (art. 1.007, CPC). - Encerramento; B) Razões recursais - conhecimento e provimento do recurso para reformar/anular a decisão impugnada.	**Requerimentos:** A) Petição de interposição - Inconformismo com a sentença; - Intimação da parte contrária para apresentação das contrarrazões; - Remessa ao tribunal; - Preparo recursal (art. 1.007, CPC) - Encerramento; B) Razões recursais - conhecimento e provimento do recurso para reformar/anular a decisão impugnada.

2.9. AGRAVO DE INSTRUMENTO X APELAÇÃO

AGRAVO DE INSTRUMENTO	APELAÇÃO
Natureza: Recurso processual	**Natureza**: Recurso processual
Fundamentos: art. 994, II, CPC e art. 1.015 a 1.020 do CPC.	**Fundamentos**: art. 994, I, CPC e art. 1.009 a 1.014 do CPC.
Competência: Tribunal de Justiça ou Tribunal Regional Federal	**Competência**: Tribunal de Justiça ou Tribunal Regional Federal
Objeto: decisões interlocutórias, ou seja, é o pronunciamento judicial de natureza decisória que não se enquadra como sentença (art. 203, §2º, CPC), *No **processo de conhecimento**: cabível contra os seguintes tipos de decisão interlocutória: I - tutelas provisórias; II - mérito do processo; III - rejeição da alegação de convenção de arbitragem; IV - incidente de desconsideração da personalidade jurídica;	**Objeto**: <u>sentença</u>, ou seja, é o pronunciamento por meio do qual o juiz, com fundamento nos arts. 485 e 487, põe fim à fase cognitiva do procedimento comum, bem como extingue a execução (art. 203, §1º, CPC). Atenção: a apelação é recurso elaborado em **duas petições – interposição e razões recursais -**, sendo a primeira dirigida ao juízo recorrido e a segunda ao juízo recorrente. Obs.: **Não** há **juízo de admissibilidade** pelo juízo

V - rejeição do pedido de gratuidade da justiça ou acolhimento do pedido de sua revogação; VI - exibição ou posse de documento ou coisa; VII - exclusão de litisconsorte; VIII - rejeição do pedido de limitação do litisconsórcio; IX - admissão ou inadmissão de intervenção de terceiros; X - concessão, modificação ou revogação do efeito suspensivo aos embargos à execução; XI - redistribuição do ônus da prova nos termos do art. 373, § 1º; XII - (VETADO); XIII - outros casos expressamente referidos em lei. **Em fase de liquidação de sentença ou de cumprimento de sentença, no processo de execução e no processo de inventário, cabe agravo de instrumento contra **qualquer decisão interlocutória**.	recorrido, ou seja, o juiz ao receber o recurso o recurso, remete-o diretamente ao tribunal, sem fazer qualquer análise dos pressupostos (art. 1.010, §3º, CPC). **Prazo para interposição:** 15 dias (art. 1.003, §5º, CPC).

Atenção: o agravo de instrumento é recurso elaborado em **petição única dirigida diretamente ao tribunal (art. 1.016, "caput", CPC).** **Prazo para interposição:** 15 dias (art. 1.003, §5º, CPC).	
Legitimidade Ativa: parte vencida, pelo terceiro prejudicado e pelo Ministério Público, como parte ou como fiscal da ordem jurídica (art. 996, CPC).	**Legitimidade Ativa**: parte vencida, pelo terceiro prejudicado e pelo Ministério Público, como parte ou como fiscal da ordem jurídica (art. 996, CPC).
Legitimidade Passiva: parte adversa no processo original. Obs.: o juiz não figura no polo passivo, pois não é parte no processo.	**Legitimidade Passiva:** parte adversa no processo original. Obs.: o juiz não figura no polo passivo, pois não é parte no processo.
Efeito suspensivo: possível suspender a produção de efeitos da decisão recorrida (art. 1.019, I, CPC). Vale lembrar que o agravo de instrumento, em	**Efeito Suspensivo**: a apelação, em regra, já é dotada de efeito devolutivo e suspensivo.

regra, conta apenas com efeito devolutivo. **Tutela antecipada recursal**: possível, diante da plausibilidade do alegado e do perigo de dano (art. 1.019, I, CPC).	**Exceções**: Não haverá efeito suspensivo, nas sentenças que: I - homologa divisão ou demarcação de terras; II - condena a pagar alimentos; III - extingue sem resolução do mérito ou julga improcedentes os embargos do executado; IV - julga procedente o pedido de instituição de arbitragem; V - confirma, concede ou revoga tutela provisória; VI - decreta a interdição. **Tutela de urgência**: poderá eventualmente, ser requerida se presente a plausibilidade do alegado e o perigo de dano (vide art. 1.012, §3º c.com art. 932 do CPC).
Requerimentos: - intimação da parte contrária para apresentação de resposta ao agravo de instrumento; - Conhecimento e provimento do recurso para reformar/anular a decisão impugnada.	**Requerimentos**: A) Petição de interposição - Inconformismo com a sentença; - Intimação da parte contrária para apresentação das contrarrazões; - Remessa ao Tribunal;

- Juntada das **peças obrigatórias** (cópias da petição inicial, da contestação, da petição que ensejou a decisão agravada, da própria decisão agravada, da certidão da respectiva intimação ou outro documento oficial que comprove a tempestividade e das procurações outorgadas aos advogados do agravante e do agravado - art. 1.017, I, CPC) e **peças facultativas** (outras peças que o agravante reputar úteis - art. 1.017, III, CPC). - Nome e endereço dos advogados do agravante e do agravado (art. 1.016, IV, CPC). - Preparo recursal (art. 1.007, CPC)	- Preparo recursal (art. 1.007, CPC) - Encerramento; B) Razões recursais - conhecimento e provimento do recurso para reformar/anular a decisão impugnada.

2.10. MANDADO DE SEGURANÇA INDIVIDUAL X AÇÃO DE RITO COMUM

MANDADO DE SEGURANÇA INDIVIDUAL	AÇÃO DE RITO COMUM
Natureza: Ação constitucional de natureza cível de caráter mandamental	**Natureza**: Ação cível com procedimento previsto no Código de Processo Civil
Fundamento: art. 5º, LXIX, CF e Lei 12.016/09.	**Fundamento**: Procedimento Comum (art. 318, parágrafo único, CPC). Petição inicial (art. 319, CPC) - requisitos.
Competência: de acordo com a autoridade.	**Competência:** juízo competente de acordo com as regras de competência do CPC (art. 42 a 53, CPC).
Objeto: direito líquido e certo violado por ato coator de autoridade (ação ou omissão) **Não** há dilação probatória; direito demonstrado de plano, manifesto (não aceita prova pericial, testemunhal, por exemplo).	**Objeto**: qualquer lesão ou ameaça a direito em razão de existência de uma lide (pretensão resistida). É o procedimento que o CPC adotou como regra. Nos procedimentos especiais (ex. JEC, MS, HD, MI, ADI etc.) aplicam-se

Exceção: art. 6º, §1º, Lei 12016/09 – quando o documento estiver em estabelecimento público ou em poder de autoridade que se recuse a fornecê-lo por certidão ou de terceiro, o juiz manda oficiar para apresentar aos autos. *Obs.: A controvérsia de direito não obsta o MS (Súmula 625, STF), ou seja, controvérsia a respeito de interpretação de lei.* **Não** cabe em face de: • atos meramente normativos (lei); • atos "interna corporis" e; • atos que transitaram em julgado. **Não** cabe MS também em face de: • Ato administrativo que comporte recurso com efeito suspensivo • Ato judicial que comporte recurso	subsidiariamente as regras do procedimento comum. Permite **maior exame probatório** – ex.: prova oral (depoimento pessoal e oitiva de testemunhas), prova pericial, prova documental etc. A ação de rito comum observa os prazos prescricionais e decadenciais previstos no Código Civil. ***Obs.1***: *embora tecnicamente chamada de ação de rito comum, na prática, pode ser identificada com o nome do pedido – ação indenizatória, ação de cobrança, ação de obrigação de fazer, ação anulatória etc.*

• Ato disciplinar (não cabe HC, mas se ilegal ou abusivo, comporta MS). • Ato de dirigente de estabelecimento particular (salvo se em exercício de atribuições públicas). *Obs.: MS possui prazo <u>decadencial</u> de 120 dias (art. 23, Lei 12.016/09).*	
Legitimidade Ativa: Pessoa Física ou Jurídica, órgão público despersonalizado ou universidade legal (espólio, massa falida, condomínio). *Obs.: Agentes Políticos: podem ser sujeitos ativo ou passivo.*	**Legitimidade Ativa**: qualquer pessoa (física ou jurídica).
Legitimidade Passiva: autoridade (pessoa física investida de poder público). ***Obs.**: a União, Estados, DF e Territórios só ingressarão no feito como <u>litisconsortes necessários</u>, por meio de seus procuradores. (SOFREM OS EFEITOS DA SENTENÇA). No caso do*	**Legitimidade Passiva**: qualquer pessoa (física ou jurídica).

Município, o próprio Prefeito já representa o ente (art. 75, III, CPC).	
Liminar: possível – artigo 7º, III, Lei 12.016/09.	**Tutela Provisória**: possível (art. 294 e seguintes do CPC). No procedimento comum possível que haja a: **(i) tutela de urgência (art. 300 a 310, CPC)** – requisitos: probabilidade do direito e o perigo de dano ou o risco ao resultado útil do processo ou; **(ii) tutela de evidência (art. 311, CPC)** – requisitos: independentemente da demonstração de perigo de dano ou de risco ao resultado útil do processo, quando: I - ficar caracterizado o abuso do direito de defesa ou o manifesto propósito protelatório da parte; II - as alegações de fato puderem ser comprovadas apenas documentalmente e houver tese firmada em

	julgamento de casos repetitivos ou em súmula vinculante;
	III - se tratar de pedido reipersecutório fundado em prova documental adequada do contrato de depósito, caso em que será decretada a ordem de entrega do objeto custodiado, sob cominação de multa;
	IV - a petição inicial for instruída com prova documental suficiente dos fatos constitutivos do direito do autor, a que o réu não oponha prova capaz de gerar dúvida razoável.
Pedido e Requerimentos: - Concessão da segurança, ratificação da liminar, para suspender o ato impugnado (art. 7º, III, Lei 12.016/09); - Intimação da autoridade para prestar informações (art. 7º, I, Lei 12.016/09); - Intimação do representante judicial da pessoa jurídica, a qual a	**Pedido e Requerimentos:** - Concessão da tutela provisória; - Citação de parte contrária para apresentar defesa, sob pena de serem aplicados os efeitos da revelia; - Procedência do pedido para que seja dado o provimento jurisdicional pleiteado (bem da vida);

autoridade está vinculada (art. 7º, II, Lei 12.016/09); - Oitiva do Ministério Público; - Juntada da prova do direito líquido e certo; - Multa do art. 77, CPC. - Valor da causa.	- Condenação do réu em custas e honorários (art. 85, CPC); - Valor da causa (art. 291 a 293, CPC).

2.11. HABEAS CORPUS X RECLAMAÇÃO CONSTITUCIONAL

HABEAS CORPUS	RECLAMAÇÃO CONSTITUCIONAL
Natureza: Ação constitucional de natureza penal.	**Natureza**: Ação de rito especial (art. 988, CPC). **Atenção**: o art. 1.072, IV, CPC revogou os artigos 13 a 18 da Lei 8.038/90 que tratavam do tema.
Fundamento: art. 5º, LXVIII, CF e artigos 647 a 667 do CPP.	**Fundamento**: artigo 102, I, "l", CF (STF), artigo 105, I, "f" (STJ). *Obs.: Nada impede que as Constituições Estaduais criem reclamação estadual.*
Competência: de acordo com a autoridade coatora.	**Competência:** STF ou STJ
Objeto: liberdade de locomoção em ameaça ou violada por ato ilegal ou abusivo de autoridade coatora Art. 648. A coação considerar-se-á ilegal: I - quando não houver justa causa;	**Objeto**: a) preservar a competência do STF (usurpação de competência – art. 102 ou 105 da CF/88); b) garantir a autoridade de suas decisões; c) garantir a observância de enunciado de súmula vinculante e de decisão do Supremo Tribunal Federal

II - quando alguém estiver preso por mais tempo do que determina a lei;
III - quando quem ordenar a coação não tiver competência para fazê-lo;
IV - quando houver cessado o motivo que autorizou a coação;
V - quando não for alguém admitido a prestar fiança, nos casos em que a lei a autoriza;
VI - quando o processo for manifestamente nulo;
VII - quando extinta a punibilidade.

Obs.: **Não** se admite "habeas corpus" contra punição disciplinar militar (art. 142, §2º, CF).

MODALIDADES:
Admite-se "habeas corpus" na modalidade **PREVENTIVA** e **REPRESSIVA (LIBERATÓRIO).**

em controle concentrado de constitucionalidade ou;
d) garantir a observância de acórdão proferido em julgamento de incidente de resolução de demandas repetitivas ou de incidente de assunção de competência.

*A reclamação combate tanto ato administrativo quanto decisão judicial.

Obs.1: *No caso de garantia das decisões, temos:*

STF => decisões de controle difuso e de controle concentrado No caso das decisões em controle concentrado, em razão da eficácia "erga omnes", qualquer interessado pode propor a reclamação. Caso contrário, em decisões do controle difuso, só cabe reclamação pela própria parte do processo (caráter subjetivo).

	STJ => decisões, súmulas e recursos repetitivos (art. 976, CPC). ***Obs.2****: No caso de súmula vinculante do STF, deve-se analisar a **Lei 11.417/06**. Note que, se o ato impugnado for administrativo é necessário <u>esgotar</u> a via administrativa (art. 7°, §1°).* ***Obs.3****: Vide Súmulas 368 e 734 do STF.* ***Obs.4****: A inadmissibilidade ou o julgamento do recurso interposto contra a decisão proferida pelo órgão reclamado <u>não prejudica</u> a reclamação (§6°, 988, CPC).*
Legitimidade Ativa: qualquer pessoa (brasileiro ou estrangeiro) em seu favor ou em favor de outrem. O <u>impetrante</u> pode ser pessoa física ou jurídica. **ATENÇÃO**: no "habeas corpus" destaca-se a figura do **PACIENTE (vítima)**, ou	**Legitimidade Ativa**: parte interessada (reclamante) ou Ministério Público (art. 988, CPC).

seja, aquele que sofre a ameaça ou lesão à liberdade ambulatorial (ir e vir). Neste caso, **o paciente somente pode ser pessoa física.** *<u>Não</u> há necessidade de advogado para a impetração.	
Legitimidade Passiva: autoridade, agente público ou particular que ameaça ou viola o direito de ir e vir.	**Legitimidade Passiva**: autoridade reclamada a quem se imputa a prática do ato.
Liminar: embora sem previsão legal, é admitida pela doutrina e jurisprudência.	**Liminar**: possível – art. 989, II, CPC.
Pedido e Requerimentos: - Concessão da liminar para assegurar de imediato a liberdade ambulatorial; - Procedência do pedido, a fim de expedir (salvo-conduto, ou contramandado, ou alvará de soltura, de acordo com o caso) em favor do paciente; - Intimação da autoridade coatora para prestar informações sobre a liminar e, após, sobre o mérito.	**Pedido e Requerimentos**: - Concessão da liminar e ratificação posteriormente (art. 989, II, CPC); - Intimação da autoridade para prestar informações (art. 989, I, CPC); - Oitiva do Ministério Público (art. 991, CPC); - Procedência do pedido para preservar a competência do STF/STJ; ou para garantir a autoridade da decisão do STF/STJ; ou cassar ou

| - Juntada da prova documental;
- Valor da causa; | anular o ato administrativo ou decisão judicial que violou Súmula vinculante.
- Valor da causa. |

2.12. MANDADO DE SEGURANÇA INDIVIDUAL X RECLAMAÇÃO CONSTITUCIONAL

MANDADO DE SEGURANÇA INDIVIDUAL	RECLAMAÇÃO CONSTITUCIONAL
Natureza: Ação constitucional de natureza cível	**Natureza**: Petição inicial (art. 988, CPC). **Atenção**: o art. 1.072, IV, CPC revogou os artigos 13 a 18 da Lei 8.038/90 que tratavam do tema.
Fundamento: art. 5°, LXIX, CF e Lei 12.016/09.	**Fundamento**: artigo 102, I, "l", CF (STF), artigo 105, I, "f" (STJ). *Obs.: Nada impede que as Constituições Estaduais criem reclamação estadual.*
Competência: de acordo com a autoridade.	**Competência**: STF ou STJ
Objeto: direito líquido e certo violado por ato coator de autoridade (ação ou omissão) **Não** há dilação probatória; direito demonstrado de plano, manifesto.	**Objeto**: a) preservar a competência do STF (usurpação de competência – art. 102 ou 105 da CF/88); b) garantir a autoridade de suas decisões; c) garantir a observância de enunciado de súmula vinculante e de decisão do

Obs.: A controvérsia de direito não obsta o MS (Súmula 625, STF), ou seja, controvérsia a respeito de interpretação de lei. **Não** cabe em face de: • atos meramente normativos (lei); • "atos interna corporis" e; • atos que transitaram em julgado. **Não** cabe MS também em face de: • Ato administrativo que comporte recurso com efeito suspensivo • Ato judicial que comporte recurso • Ato disciplinar (não cabe HC, mas se ilegal ou abusivo, comporta MS) • Ato de dirigente de estabelecimento particular (salvo se em exercício de atribuições públicas).	Supremo Tribunal Federal em controle concentrado de constitucionalidade ou; d) garantir a observância de acórdão proferido em julgamento de incidente de resolução de demandas repetitivas ou de incidente de assunção de competência. *A reclamação combate tanto <u>ato administrativo</u> quanto <u>decisão judicial</u>. *Obs.1: No caso de garantia das decisões, temos:* *<u>STF</u> => decisões de controle difuso e de controle concentrado No caso das decisões em controle concentrado, em razão da eficácia "erga omnes", <u>qualquer interessado</u> pode propor a reclamação. Caso contrário, em decisões do controle difuso, só cabe reclamação pela <u>própria parte</u> do processo (caráter subjetivo).*

| | *STJ => decisões, súmulas e recursos repetitivos (art. 976, CPC).*

__Obs.2__: No caso de súmula vinculante do STF, deve-se analisar a __Lei 11.417/06__. Note que, se o ato impugnado for administrativo é necessário esgotar a via administrativa (art. 7º, §1º).

__Obs.3__: Vide Súmulas 368 e 734 do STF.

__Obs.4__: A inadmissibilidade ou o julgamento do recurso interposto contra a decisão proferida pelo órgão reclamado não prejudica a reclamação (§6º, 988, CPC). |
|---|---|
| **Legitimidade Ativa**: Pessoa Física ou Jurídica, órgão público despersonalizado ou universidade legal (espólio, massa falida, condomínio).

Obs.: Agentes Políticos: podem ser sujeitos ativo ou passivo. | **Legitimidade Ativa**: parte interessada (reclamante) ou Ministério Público (art. 988, CPC). |

Legitimidade Passiva: autoridade (pessoa física investida de poder público). *Obs.: a União, Estados, DF e Territórios só ingressarão no feito como litisconsortes necessários, por meio de seus procuradores. (SOFREM OS EFEITOS DA SENTENÇA). No caso do Município, o próprio Prefeito já representa o ente (art. 75, III, CPC).*	**Legitimidade Passiva**: autoridade reclamada a quem se imputa a prática do ato.
Liminar: possível – artigo 7°, III, Lei 12.016/09.	**Liminar**: possível – art. 989, II, CPC.
Pedido e Requerimentos: - Concessão da segurança, ratificação da liminar, para suspender o ato impugnado (art. 7°, III, Lei 12.016/09); - Intimação da autoridade para prestar informações (art. 7°, I, Lei 12.016/09); - Intimação do representante judicial da pessoa jurídica, a qual a autoridade está vinculada (art. 7°, II, Lei 12.016/09); - Oitiva do Ministério Público;	**Pedido e Requerimentos**: - Concessão da liminar e ratificação posteriormente (art. 989, II, CPC); - Intimação da autoridade para prestar informações (art. 989, I, CPC); - Oitiva do Ministério Público (art. 991, CPC); - Procedência do pedido para preservar a competência do STF/STJ; ou para garantir a autoridade da decisão do STF/STJ; ou cassar ou anular o ato administrativo ou

- Juntada da prova do direito líquido e certo; - Multa do art. 77, CPC. - Valor da causa.	decisão judicial que violou Súmula vinculante. - Valor da causa.

CAPÍTULO 3: PREPARAÇÃO PARA RETA FINAL DE 2ª FASE DA OAB E DE CONCURSOS PÚBLICOS

Após toda a leitura por meio da identificação e comparação entre as peças, resta agora expor as dicas finais para preparação na reta final de prova da 2ª fase do Exame de Ordem da OAB e de concursos públicos. E o que seria uma reta final? Embora a expressão seja vaga, adota-se aqui o **marco temporal** de **quarenta e cinco dias**, ou seja, um pouco mais de um mês antes da prova.

O ideal, evidentemente, é o estudante já ter feito um **planejamento** muito antes da publicação do edital ou, ao menos, ter iniciado os estudos uns noventa dias antes da prova. Lembre-se: **é muito melhor estudar de forma organizada quando a data da prova ainda não está agendada**. Há muito menos pressão, ansiedade e, é claro, tempo para estudar, em especial, aqueles temas difíceis que não se domina.

Todavia, se por inúmeros motivos ou desculpas, não foi possível organizar o estudo de forma eficiente, saiba que ainda é possível aproveitar algumas dicas para melhorar as chances de êxito nas provas. Tome nota!

Dica 1: Evite estudar novos conteúdos
O estudante, em reta final, não deve iniciar o estudo de novos temas, ainda mais se complexos, pois não haverá tempo suficiente de compreendê-los com bastante clareza. O tempo é apenas para **revisar**.

Dica 2: Opte por fichamentos e resumos
Nesta fase final, assim como não há mais tempo para novos conteúdos, também não há tempo para reler grandes doutrinas, refletir sobre teorias complexas. É o momento de se dedicar ao **essencial**, os pontos principais: conceitos básicos, elementos de identificação e distinção. Não esqueça de reler os artigos da Constituição Federal e as súmulas vinculantes.

Dica 3: Não se deixe abater por medo da prova ou de eventual concorrência
É normal que, às vésperas, a ansiedade e nervosismo aumentem. Todavia não deixe esse sentimento ruim te abater. É preciso ter em mente que o único concorrente é você mesmo, mais ninguém. Você está estudando e dará o seu **melhor**. Pense apenas no seu próprio desempenho. E é ele que você precisa superar, mas ninguém.

Dica 4: Siga o treino de questões/simulados
Estudar por questões é uma forma muito útil e eficaz de revisar. Por meio delas, é possível identificar como a banca formula as perguntas e quais os temas mais recorrentes. Por isso, não pare! Divida o tempo para que possa treinar as questões de todas as disciplinas. Lembrando que, em Constitucional, perguntas sobre controle de constitucionalidade, direitos fundamentais e separação dos poderes aparecem com frequência.

Dica 5: Copiar as estruturas das peças
A partir dos fichamentos, treine a estrutura das peças práticas do início ao fim. Recomenda-se que sejam feitas sem consulta a qualquer material. Após concluí-la, confira se faltou algum

detalhe. Caso tenha faltado, procure entender o que te fez esquecer (o artigo, a súmula, confusão com outro instituto etc.).

Dica 6: Confirme o local, data e hora da prova
Parece uma dica banal. Mas recomendo que a siga. Ao longo de anos, já vimos estudantes muito atentos com ótimo rendimento que focaram tanto nas matérias que se esqueceram de checar o local da prova ou mesmo de pagar a inscrição. Cheque tais detalhes, veja no GPS o bairro, o prédio, corredor, sala, onde será feita a prova, detalhe primordial, o horário de abertura dos portões. É prudente ainda checar se no dia não haverá algum evento artístico ou cultural, greve, manifestações que possam alterar itinerários do transporte público ou fechar ruas e avenidas. E saia com um bom horário de antecedência.

Dica 7: Mantenha a tranquilidade
No mais, distraia-se também. Faça algum exercício físico, veja um filme, ou qualquer outra atividade que possa baixar a adrenalina e aquela preocupação com prova. Momentos de relaxamento ajudarão seu cérebro a melhor absorver a matéria, inclusive.

Enfim, votos de excelente estudo e que seu objetivo se torne realidade. Rumo à aprovação.

REFERÊNCIAS BIBLIOGRÁFICAS

DIMOULIS, Dimitri; LUNARDI, Soraya Gasparetto. **Curso de Processo constitucional: controle de constitucionalidade e remédios constitucionais**. São Paulo: Atlas, 2011.

DINAMARCO, Candido Rangel; CINTRA, Antonio Carlos de Araújo; GRINOVER, Ada Pellegrini. **Teoria Geral do Processo**. 28ª edição. São Paulo: Malheiros Editores, 2012.

Doutrina com questões comentadas: estude e passe na 1ª fase da OAB, 1ª edição, São Paulo: Rideel, 2022.

GOLDZVEIG, Gustavo. OLIVEIRA, Erival da Silva. **Comentários à Convenção Americana de Direitos Humanos (1969)**. São Paulo: Litera, 2012

LEMBO, Claudio Salvador. A pessoa: seus direitos. Barueri: Manole, 2007.

OLIVEIRA, Erival da Silva; PEIXOTO, Paulo Henrique Ledo. **Comentários ao Estatuto da Igualdade Racial: Lei n. 12.288/2010 (doutrina e jurisprudência)**. São Paulo: ACJ Editora, 2012.

OLIVEIRA, Erival da Silva. VAZ, Rosa Maria Rodrigues. **Manual de Direitos Humanos para concursos**. 2ª edição. São Paulo: Saraiva, 2018.

OLIVEIRA, Erival da Silva. **Prática jurídica: constitucional**. 13ª edição. São Paulo: Saraiva Educação, 2022.

OLIVEIRA, Erival da Silva; GOLDZVEIG, Gustavo; PEIXOTO, Paulo Henrique Ledo (orgs.). **Revisão e Treino – 2ª fase OAB: caderno de direito constitucional**, 2ª ed. rev e atual. São Paulo: Editora Revista dos Tribunais, 2016.

OLIVEIRA, Erival da Silva; PEIXOTO, Paulo Henrique Ledo et. al. **Vade Mecum Constitucional.** 1ª edição. São Paulo: Rideel, 2022.

MARINONI, Luiz Guilherme; MITIDIERO, Daniel. **Repercussão geral no recurso extraordinário**. 3ª edição. São Paulo: Editora Revista dos Tribunais, 2012.

MEIRELLES, Hely Lopes; WALD, Arnold; MENDES, Gilmar Ferreira. **Mandado de Segurança e ações constitucionais.** 34ª ed., atual e ampl. São Paulo: Malheiros Editores, 2012.

MENDES, Gilmar Ferreira; BRANCO, Paulo Gustavo Gonet. **Curso de Direito Constitucional**. 8ª edição. São Paulo: Saraiva, 2013.

PEIXOTO, Paulo Henrique Ledo et. al. **Direitos das Pessoas com deficiência para provas de concursos.** São Paulo: Saraiva Educação, 2019

PEIXOTO, Paulo Henrique Ledo. OLIVEIRA, Denizom Moreira de. **Direitos Humanos (Coleção Amo Direito, vol.12)**. São Paulo: Rideel. 2022.

PEIXOTO, Paulo Henrique Ledo. **Mutação Constitucional e o Supremo Tribunal Federal: interpretação de aplicação**

das normas constitucionais. São Paulo: Saraiva Educação, 2021.

PEIXOTO, Paulo Henrique Ledo. VAILATII, Diogo Basilio. SODRÉ, Habacuque Wellington. **Praticando para passar: direito administrativo**. São Paulo: Rideel, 2022.

PEIXOTO, Paulo Henrique Ledo. OLIVEIRA, Erival da Silva. **Praticando para passar: direito constitucional**. São Paulo: Rideel, 2022.

SILVA, José Afonso da. **Comentário Contextual à Constituição**. 8ª edição. São Paulo: Malheiros Editores, 2011.

SILVA, Virgílio Afonsa da. **Direito Constitucional Brasileiro**. São Paulo: Editora da Universidade de São Paulo, 2021.

www.ingramcontent.com/pod-product-compliance
Lightning Source LLC
Chambersburg PA
CBHW052351220526
45465CB00003BA/1062